Y CLERWR OLAF
Atgofion drwy Ganeuon

Y CLERWR OLAF

Atgofion Drwy Ganeuon

Twm Morys

Gwasg Carreg Gwalch

Argraffiad cyntaf: 2023

ISBN clawr meddal: 978-1-84527-904-2
ISBN elyfr: 978-1-84524-541-2

CYNGOR LLYFRAU CYMRU

Cyhoeddwyd gyda chymorth Cyngor Llyfrau Cymru

Cynllun clawr: Eleri Owen

Cyhoeddwyd gan Wasg Carreg Gwalch,
12 Iard yr Orsaf, Llanrwst, Dyffryn Conwy, Cymru LL26 0EH.
Ffôn: 01492 642031
e-bost: llyfrau@carreg-gwalch.cymru
lle ar y we: www.carreg-gwalch.cymru

Argraffwyd a chyhoeddwyd yng Nghymru

I John Weston Thomas,
Saer Telynau
1921-1992

a

Guy Le Lay,
Gwneuthurwr Lambig
1947-2023

Diolchiadau

Ni fyddai'r caneuon rydw i'n sôn amdanyn nhw yma wedi mynd yn bell iawn heb y band fu'n cyfeilio iddyn nhw ers gwell na deng mlynedd ar hugain, sef Bob Delyn a'r Ebillion, a heb y noddwyr, Sain. Rydw i'n enwi'r aelodau cyntaf wrth ddweud hanes rhai o'r caneuon cynharaf, ond bu llawer gwib ar y byd ers hynny, a bydd angen llyfr arall i adrodd mabinogi pawb o'r Ebillion. Digon am y tro, gobeithio, yw diolch iddyn nhw bob un. A diolch i Wasg Carreg Gwalch!

Diolch yn fawr iawn hefyd i'r canlynol am gael defnyddio lluniau:

Teulu John Williams: John Williams, 47.

Teulu'r Ysgwrn: Hedd Wyn a'i fam, 115.

Martin Roberts: Yann Skouarnek, 32.

Amgueddfa Werin Cymru: William Jones, 74; y triawd Plygain, 79.

Llyfrgell Genedlaethol yr Alban: Map modfedd 1950: Caerdydd a Phen-y-bont, 85.

Llyfrgell Genedlaethol Cymru: Teulu o'r Cale, Geoff Charles, 91.

Howard Barlow: R. S. Thomas, 100.

Amgueddfa J. Paul Getty, L.A.: 'Mihangel' Lieven van Lathem, 103.

Oriel Bortreadau Genedlaethol Llundain: Ivor Novello a'i fam, 114.

WikiCommons: Lead Belly, 66; 'Arenig', J. D. Innes, 93; Garn Fadryn, 97; Y Dyn Haearn, 99; Sceilig Mhichil a Menez Mikel, 104.

Sioni Mâr: 9; 43; 47; 49; 57; 58.

Cynnwys

1. Nodyn   8
2. Caneuon Traddodiadol y Cymry   10
3. Asu, Jo   16
4. Cardotyn   20
5. Gwyddel yn y Dre   24
6. Trên Bach y Sgwarnogod   28
7. Y Clerwr Olaf   34
8. Cân Beuno   42
9. Cân John Williams   46
10. Sŵn ar Gardyn Post   52
11. Y Deryn Du   56
12. Fy Mendith ar y Llwybrau   60
13. Dweud!   64
14. Y Gôg Lwydlas   68
15. Tair Carol   76
16. Y Mab Penfelyn   84
17. Ffair y Bala   90
18. Y Sŵn   96
19. Gyda Mwynder   102
20. Beaj Iskis   106
21. Jini   112
22. Cân Begw   116
23. Ôl-Nodyn   120

1.

Nodyn

Mae egluro union ystyr cân yr un fath i mi â tharo pin drwy löyn byw. Mi ddylai cân gael mynd lle mynno (o fewn rheswm), achos dydi hi ddim o reidrwydd yn golygu yr un peth yn union i'r sawl sy'n gwrando arni ag oedd i'r sawl a'i gwnaeth. Dydi hi ddim o reidrwydd yn golygu'r un peth i hwnnw ymhen amser, chwaith, ac mae rhai o'r caneuon yma dros eu deg ar hugain oed erbyn hyn. Oherwydd hynny, rydw i wedi dewis caneuon sydd â rhyw hanes cofiadwy yn sail iddyn nhw, neu ganeuon sydd â chyfeiriadaeth ddifyr ynddyn nhw: caneuon yn y bôn sydd yn dangos sut y bydd rhai fel fi yn mynd ati i wneud cân: cloddio am eu deunydd yn chwarel fawr Cymru, y wlad a'r chwedl. Os yw deryn â stori, straeon yw 'nghaneuon i ...

Mae pennod 20 i gyd mewn rhyw Gymraeg go ryfedd, gyda llaw. Ac mae gwobr am y trosiad gorau o'r bennod honno gan gynnwys y gân, sef potel o lambig Menhir o Lydaw. Dyddiad cau: Dydd Gŵyl Grwst!

TM, Ddydd Gŵyl Derfel Gadarn, 2023

twmtrefan@hotmail.co.uk

'Straeon yw 'nghaneuon i...'

2.

Caneuon Traddodiadol y Cymry

Un bore yn ystod y gwyliau, mi ddaeth fy mrawd i ataf, sgrepan ar ei ysgwydd, gwn slỳgs yn ei law, a pheri imi fynd efo fo i lawr at afon Dwyfor. Yn y sgrepan roedd swp o recordiau sengl y Beatles a'm gwaith i oedd eu hestyn nhw fesul un a'u lluchio i'r awyr i'm brawd gael eu saethu yn chwildrins – 'I Wanna Hold Your Hand'... Clec! 'Can't Buy Me Love'... Clec! 'Strawberry Fields Forever'... Clec! – nes oedd y sach yn wag. Petasech chi'n mynd fory nesaf i chwilio a chwalu o dan y rhedyn a'r gwair yn y llannerch ar lan Llyn Meirch, efallai y caech hyd i ryw siwrwd du o dystiolaeth...

'The Minstrel Boy' (hen gardyn sigaréts)

Rywdro ym 1970 roedd hynny, mae'n debyg, y flwyddyn y daeth y Beatles i ben, ar ôl y sioe olaf ar ben to yn Llundain. A thua'r un adeg y gwnes innau gân o'm pen a'm pastwn fy hun am y tro cyntaf. Rwy'n ei chofio hi hyd heddiw yn anffodus, ac rwy'n cofio ei pherfformio hi ar y llwyfan yng nghyngerdd blynyddol yr ysgol breswyl bell, ar ôl un o hen ffefrynnau'r Prifathro, 'The Minstrel Boy' (o waith Thomas Moore, 1779–1852)...

Prifathro: 'Well done, boys! Bravo! Next we have an original composition by Morris, entitled 'Rose'...

Doeddwn i'n nabod neb o'r enw Rose, ond bu tynnu coes mawr am yn hir amdani yn yr ysgol bell honno...

Mi ddois i'n nes at adre wedyn i ysgol breswyl Amwythig. Sefydlwyd yr ysgol gyntaf ym 1552 ar orchymyn Edward VI ac enw'r prifathro cyntaf oedd Syr Morys! Roedd tipyn o Gymry yno – meibion ffarm â'u bryd nhw (neu eu tadau) ar fod yn dwrneiod. Fy ffrind gorau i oedd Robert, mab ffariar Llangefni. Bowie oedd ei eilun o, ond byddem yn gyrru at Recordiau'r Cob, Porthmadog, am bethau Dafydd Iwan, Edward H Dafis a Max Boyce, ac roedd gen i record o Buddug Lloyd Roberts o Gricieth yn canu; ganddi hi y ces i hi. Byddai Robert a finnau yn eistedd efo potel anghyfreithlon yr un o Guinness ac yn canu 'Starman' un noson a 'Hiraeth am Feirion' y noson wedyn. Roedd 'na lawer o sôn yn yr ysgol am gychwyn band, ac roeddwn innau yn awyddus. Ond eisio drymar roedden nhw...

Maria Callas a Frank Sinatra fyddai yn troi gan amlaf ar gramaffôn fy rhieni adre. Ond ar ôl gadael yr ysgol, mi es ar daith efo 'Nhad mewn car chwim ar hyd glannau Dalmatia i Split i weld palas yr Ymherawdr Dioclesian. Dau gasét oedd gennym ar y daith honno, sef Al Bowlly ac 'A Nation Sings', y Gymanfa Ganu bum-mil-o-leisiau a recordiwyd yn Neuadd Albert ddechrau'r 6oau. Hyd heddiw, mi fedraf ganu 'My Little Red Book' a 'Love Is The Sweetest Thing' a 'Rhagluniaeth Fawr y Nef' ar eu hyd ar fy nghof.

Bûm yn canu am chydig am fy swpar i gyfeiliant telyn mewn tŷ bwyta yn Aberystwyth, a'r gân oedd yn plesio orau yn fan'no oedd 'Mean to Me' gan Fats Waller. Bûm yn bysgio wedyn ym marchnad Abertawe ac yn Freiburg im Breisgau yn y Goedwig Ddu yn yr Almaen, ac alawon a chaneuon gwerin Cymraeg oedd y *repetoire* bron i gyd erbyn hynny, rhai wedi'u codi o ganu Buddug Lloyd Roberts, Dafydd Iwan a Max Boyce, ond y rhelyw yn syth o gopi rhacslyd o *Caneuon Traddodiadol y Cymry* a gyhoeddwyd ym mlwyddyn fy ngeni i; gwaith William Sidney

Gwynn Williams o Langollen, golygydd cylchgrawn Cymdeithas Alawon Gwerin Cymru, ac un o sylfaenwyr yr Eisteddfod ryngwladol yn ei dre enedigol. Fy meibil i oedd y gyfrol *Hen Benillion* (**HB**), casgliad T.H. Parry-Williams o benillion a wnaed gan hogiau a gan ferched pan oedd y byd Cymraeg yn grwn, a *Tribannau Morgannwg* (**TB**) Tegwyn Jones yn apocryffa.

Wedyn dechreuais jamio, chwedl nhwythau, efo Gorwel Roberts o Benrhyndeudraeth. Ac ymhen hir a hwyr, dyma ni'n mentro allan i'r priffyrdd a'r caeau (ac i Bortmeirion) i ganu'r hen ganeuon i gyfeiliant telyn fechan a gitâr. 'What a lovely air!' meddai rhywun un tro ar ôl inni chwarae 'Bwlch Llanberis'. 'Does it have a name?' Dyna ni'n dweud yr enw wrtho. 'Bulky Lampreys!' meddai fyntau.'Well, well.' Ac 'is that a *Celtic* guitar?' gofynnodd Americanes i Gorwel tra oeddem ni wrthi y tu allan i dŷ mawr coch Tredegar yn ystod eisteddfod Casnewydd (1988). Ac mi aeth yr Orsedd heibio hefyd yn ara' a dan wgu, braidd...

Wedyn mi ddaeth Gorwel â chriw o gerddorion gwerin draw o Harlech, a dyna Bob Delyn a'r Ebillion#1 i'r byd: pibau,

Pa oan o kerzhout 'barzh ar vered
'lec'h un deiz ✖ 'vin degemeret.
e welen bezh un den dirazon
a oa memes anv 'vidon.

A ~~dacw syrffad~~ hen syrffedyn
Toedd na ~~syn hen syrffad~~ efo'i sach
2   A'i ~~chi~~ bach wrth ei draed o
Yn dod dan ganu : heiy dilly dood!
~~I want~~ food for me and Fido?
    got

3   Wel, mi gyltrais yn ei fart fach grin
A'i hel o i'r gegin sgramgar
Ac mi weiddais fawr â'r dili dwd
A chlymu'r cwd mewn cadar

sgrambygio begar
                                        llawsio
                                        sglaffio

sglaffio
~~dangos~~ teisan
A chlamp o gacan
oll dan fwmian
"mae'r dartan fala'n felys"

4 fynta'n qwingo
~~Ac yn blycio yn crynu dowyddo~~ Ac yn blyn
~~Yn crynu dowyddo~~ yn beichio crio
Yn hurtio am fy nhartan

A fynta'n wallgo
Yn rhegi a rhwygo
Yn beichio crio
Yn hurtio am fy nhartan

Llawysgrif y Cardotyn

14

Dafydd Watts; banjô, Owen Glynne Davies; borán, Paul Gould; gitâr, Gorwel Roberts; telyn (a llais o dro i dro), Twm Morys. Chwarae yng nghefn tai tafarnau roeddem ni adeg hynny, rhag ofn i rywun glywed. Ond ar alawon y criw o Harlech y gwnaed rhai o ganeuon cyntaf y band, fel 'Asu, Jo' a'r 'Cardotyn'.

Dro yn ôl, yng nghanol nialwch y blynyddoedd, mi ddois i ar draws y drafft cyntaf o eiriau'r 'Cardotyn'. Ambell waith yng nghanol y testun yn yr hen lawysgifau Cymraeg, ceir rhyw bennill sy'n perthyn dim i'r gweddill; ffrwyth copïo llawysgrif hŷn gan gynnwys rhyw bethau oedd wedi eu taro ar ymyl y dudalen gan fynach yn ei awr ginio. Drwy ryw ddamwain felly yr aeth yr hwiangerdd hynaf, 'Pais Dinogad', i ganol canu'r 'Gododdin'. Ac ar frig llawysgrif y Cardotyn (Trefan MS 377) mae darn yn Llydaweg ar fesur hen bennill, yr hwn o'i gyfieithu yw: 'Pan oeddwn i'n rhodio yn y fynwent, lle byddaf yn cael fy nghroesawu ryw ddydd, mi welwn o'm blaen fedd rhywun oedd â'r un enw â mi.' Yng nghanol y llinellau wedyn mae'r ymadrodd 'sgrambygio'r begar', ac mae'n biti garw na fyddai hwnnw wedi cael mynd i'r gân!

3.

Asu, Jo

Asu, Jo, ti'n mynd yn hen,
Mae d'ên di 'fath â meipan,
Mae'r teidia' i gyd 'di gada'l, mêt;
I be' 'ti'n dal i rwdlan?

Mae 'na uwd a mwtrin ers cyn co'
'Di'u strempio hyd dy wasgod,
A'r un un joe o reg-a-reg
Sydd yn dy geg bob diwrnod.

Jo, be' 'ti'n da 'ma, hirnos gaea'?
Crycymala' a phob rhyw fyda' garw.
Jympar gynnas, codi'n pinnas,
Gada'l negas: mae Jo a fi 'di marw.

Mae'r brain yn hogi'u piga', Jo,
'Ti'n sachad o besychu;
Cadair siglo, bara caws,
'Ti damad haws â nadlu.

Mae dy fasdad mab 'di gwerthu'r tŷ
I deulu bach o Jeltnam,
Ac mi ddaw o lech i lwyn cyn hir
I hel chdi i ryw Seilam.

Jo, be' 'ti'n stwna? Awn ni o'ma
Am y cynta'; mi gymrwn lwybyr tarw.
Jympar gynnas, codi'n pinnas,
Gada'l negas: mae Jo a fi 'di marw.

Mae hon yn hwyl garw i'w chanu ar gownt yr odlau cyrch ym mhob pennill. A dweud y gwir, mae hi fwy neu lai ar fesur yr awdl-gywydd: 'Asu, Jo, 'ti'n mynd yn h<u>en</u>, / Mae d'<u>ên</u> di 'fath â meipan, / Mae'r teidia' i gyd 'di gada'l, m<u>êt</u>, / I be' 'ti'n dal i rwdlan...' Dydw i ddim yn siŵr iawn lle cefais i afael ar y gair 'reg-a-reg' ('Yr un un joe o reg-a-r<u>eg</u> / Sydd yn dy <u>geg</u> bob diwrnod...'), ond does wnelo fo ddim â 'rheg', fel roeddwn i'n tybio, mae'n debyg, wrth ei odli â 'ceg'. O'r enw anffodus 'Nigger Head', math o faco tywyll y byddai llongwyr yn ei gnoi, y daw o erbyn deall, ac â 'peg' neu 'ffeg' neu 'sgeg' mae o'n odli yn iawn. Mae'r gytgan wedyn fel rhupunt wedi ei hambygio chydig bach. Fel hyn roedd creu sŵn Cymreigaidd, am wn i!

Pwy ydi Jo a phwy sydd yn ceisio hudo'r hen gono i fynd efo fo o'r fuchedd hon? Wel, ar y pryd, mae'n debyg mai tynnu roeddwn i ar het ryfedd o ddyn ym Methesda a gaiff fod heb ei enwi yn llawn, dyn wedi ei eni yn India cyn i'r Raj ddod i ben yn llwyr ac, yn ôl y chwedl, wedi cerdded yn y chwedegau o Lundain i Fethesda gan bowlio'i eiddo ar drol o'i flaen, i greu ei Raj bach ei hun yn fan'no. Dyn hawdd gwneud efo fo, ond dyn wnaeth dro Seisnig iawn ag amryw o fandiau Cymraeg...

Dw i heb ganu'r gân ers tro byd, ac erbyn hyn mae hi wedi magu rhyw arwyddocâd newydd annifyr. Rydw i, fel llawer ohonom sy'n tynnu ymlaen a'u rhieni yn dal yn fyw, wedi bod dipyn mewn cartrefi hen bobol. Dydi'r disgrifiad o'r hen ŵr ddim yn ddigri bellach. Na'r pennill am ei fab yn gwerthu'r tŷ a fyntau yn dal ynddo. Ond un digon clên i'w weld ydi'r sawl sy'n ceisio ei hudo. Dim byd tebyg i hwnnw yn **HB** 164-165 rydw i wedi canu amdano hefyd efo Bob Delyn:

> Ar ryw noswaith yn fy ngwely
> Ar hyd y nos yn methu cysgu,
> Am fod y chwys yn oeri arna'
> Wrth imi feddwl am fy siwrna'.

Galw am gawg a dŵr i 'molchi
Gan ddisgwyl felly ymsirioli;
Ond cyn rhoi deigryn ar fy ngruddiau
Ar fin y cawg mi welwn ANGAU...

Mynd i'r môr a dechrau rhwyfo,
Gan dybio'n siŵr na fedrai nofio;
Ond cyn imi dynnu 'mhell dros donnau
Angau oedd y capten llongau.

Roeddwn yn ymarfer hon ar y delyn un noson flynyddoedd yn ôl ar fy mhen fy hun yn yr hen dŷ. Wrth imi fynd i'r môr a dechrau rhwyfo ar ddechrau'r trydydd pennill, dyna glec fawr uwch fy mhen. Mi rois ail gynnig arni, a dyna glec eto. A'r trydydd tro hefyd, nes imi benderfynu cadw'r delyn. A dyna finnau ar hyd y nos yn methu cysgu! Mi ddarganfyddais wedyn mai mês yn disgyn ar ben to oedd y twrw, neu dyna roeddwn i'n ei ddweud wrthyf fy hun. Mae'r gân yn dwyn i go'r hen ddelwau brawychus o'r Ankoù yn eglwysi Llydaw a'r portreadau ohono sy'n aros mewn ambell eglwys yng Nghymru. Ar wal wen eglwys Merthyr Iswy yn y Mynydd Du mae o'n goch fel gwaed; yn un llaw esgyrnog iddo mae pladur, yn y llall mae awrwydyr ac ym mhlyg ei fraich mae rhaw. Ond rhyw Angau llawer ffeindiach sy'n gafael yn llaw Jo.

Gyda llaw, mi osododd W. S. Gwyn Williams y gân am Frenin y Dychrynfeydd rhwng 'Modryb Neli' a 'Gwenni aeth i Ffair Pwllheli' yn y *Caneuon Traddodiadol*! Ond crwydro rydw i rŵan...

Ankoù Plouilio

Angau Merthyr Iswy

Cyf. I, Rhan 4, (*Vol. I, Part 4*) 1912
1. Modryb Neli (*Auntie Nellie*)
2. Angau (*Death*) ......
3. Gwenni aeth i Ffair Pwllheli (*Gwennie went to Pwllheli Fair*)

O fynegai 'Caneuon Traddodiadol y Cymry'

4.

Cardotyn

O'n i yn fy ôl efo mis o farf
Yn eistedd ar fy nghythlwn';
Roedd 'na lwyth o sgram o gegin Mam
Yn g'wilydd am y gwelwn.

Ac estyn o'n i heibio'r rhost
Am y mynydd tost a menyn,
Ac mi glywais dwrw ar y lôn:
Seimon y Cardotyn!

Seimon bwdlyd, Seimon fwdlyd,
Seimon chwdlyd yn crasio o hyd mewn bathrwms.
Seimon ddiflas â'i grwth bach atgas,
Yn darllen *Taplas* ac yn ffrîco mâs ar fyshrwms.

A dyna'r syrffed efo'i sach
A'i gi bach wrth ei draed o
Yn dod dan ganu '*Hey-dilly-dude,*
Got food for me and Fido?'

Mi rois i daw ar ei ddili-dŵd
A chlymu'r cwd mewn cada'r,
Ac mi rois fy mwyall yn ei grwth
A'i bygwth ar y begar.

Seim yn gwylltio, yn rhegi a rhwygo,
Seim yn gwingo, yn hurtio am fy nhartan.
Seim yn chwysu, Seim yn drysu,
Seim yn blysu, yn ysu am fy nheisan.

Clawr
Taplas

Ac felly bu am flwyddyn gron
A'r wleddast bron 'di'i sglaffio:
Seim ynghlwm yn llesg a llwm
A minnau'n drwm fel morlo.

Mi darais rech, o'n i'n teimlo'n dda;
Mi lyfais fy ngwefla' budur,
Ac mi glywais sŵn fel cacwn blin:
Byddin y cardotwyr!

Hipis chwdlyd a'u cŵn bach mwdlyd,
A jyglars pwdlyd yn crasio o hyd mewn bathrwms.
Ffowlcis diflas â'u crytha' bach atgas,
Yn darllen *Taplas*, ac yn ffrîco mâs ar fyshrwms.

Mae hon ar yr un mesur mwy na heb ag 'Asu, Jo', ond mae tipyn mwy o odli a chynganeddu ynddi. Yn hynny o beth mae hi'n debyg i'r hen garolau Plygain, ond yn wahanol iawn fel arall! A dweud y gwir, rydw i'n teimlo erbyn hyn y dylwn i ymddiheuro i bawb amdani.

Delw bren o Seimon y Cardotyn (casgliad preifat)

Nid bai Seimon druan oedd ei fod yn dlawd a heb fod yn rhyw dda iawn ar y ffidil, a'i fod wedi digwydd galw heibio a minnau newydd ddod adre ar ôl taith hir. Doedd dim angen imi fod mor ddilornus o'r hyn roedd o a'i ffrindiau yn ei ddarllen, chwaith, sef y cylchgrawn *Taplas* (1982-2013), 'The voice of Folk in Wales and the Borders', fu'n eithaf cefnogol i Bob Delyn, fel rydw i'n cofio. Annerbyniol heddiw fyddai galw Seimon yn 'gwd', ac er bod peth gor-ddweud wrth sôn 'am flwyddyn gron', peth ofnadwy oedd ei glymu mewn cadair a malu ei offeryn â bwyall. Ond rhyw daclau felly oeddem ni yn ifanc, beryg. Tua'r un adeg, ymddangosodd erthygl ddienw yng nghylchgrawn y Sîn Roc Gymraeg, *Sothach* (1988-1996), yn dweud fel hyn: 'Anghofiwch am yr Eisteddfod, twmpathau hen ffasiwn yr Urdd a gwylio Ar Log eto fyth yn perfformio set nodyn-berffaith ddiflas, mae Bob D yma i roi'r sioc ddiwylliannol fwyaf ers cryn amser!'

Cyfeiriad ydi'r 'mynydd tost a menyn' at ddigwyddiad cofiadwy ym Metws-y-coed. Roedd tri ohonom ar ryw gyrch neu'i gilydd wedi mynd i'r caffi yn yr orsaf yn y bore. Gofynnwyd am dair rownd o dost a menyn yr un, deunaw darn i gyd. Roedd y lle'n brysur iawn a'r gwasanaeth yn ara' deg, a bu'n rhaid atgoffa'r rhai oedd yn gweini dair gwaith. O'r diwedd dyma'r ordor yn dod, ac un rownd ychwanegol o dost i bawb yn ymddiheuriad am yr oedi mawr: deugain o dameidiau o dost a menyn ar un plât mawr.

5.

Gwyddel yn y Dre

Mae 'na Wyddel yn y Dre!
Jonjo Ó Flaithbheartaigh yw ei enw e.
Mae pethau ffordd hyn mor uffernol o slac,
Awm ni lawr i gael dipyn o grac.
Mae'i farf o'n anferth, mae 'na ffidil dan ei ên,
Mae o'n edrych mor ifanc; mae o'n goblyn o hen.
Mae o'n gwneud rhyw bethau na ddylai fo mo'u gwneud
Ac mae 'na bobol wedi gwylltio, ond be' fedar rhywun 'ddweud
Wrth Wyddel mawr, meddw, gwallgo' a gwyllt?

Mae'r tanciwrs a'r hedars yn tyrru'n un haid,
Mae'r rocars a'r rafins yn jigio'n dd-baid,
Mae'r ffermydd yn ffrwydro, mae'r gwartheg yn rhydd
Ac mae'r plisman bach bochgoch yn holi beth sydd.
Jonjo sy'n dŵad, yn colbio borán,
Mae 'na dwrw yn y mynydd, mae 'na dwrw ym mhob man.
Mae'i locsyn o'n siglo, mae'i lygaid ar dân,
Ac mae pawb yn chwerthin wrth glywed geiriau cân
Y Gwyddel hardd, hael, doniol a da!

Mae 'na Wyddel yn y Dre!
Jonjo Ó Flaithbheartaigh yw ei enw e.
Mae pethau wedi gwella ers pan mae hwnnw ar y sîn:
Does dim diweithdra yn y ffatri botshîn.
Jonjo aros efo ni, yr hen Wyddel mwyn,
Mi godwm ni dŷ unnos ym Mhant Corlan yr Ŵyn.
Ond os wyt ti isio mynd adra, wel, hwyl ar dy daith,
Mi gariwm ni 'mlaen, ymlaen efo'r gwaith
O fod yn fawr, yn feddw, yn wallgo ac yn wyllt:
Y Crac Cymraeg!

Twm yn malu, Gorwel yn gwrando (Fideo 9)

Dyma'r gân wreiddiol gyntaf, yn diwn ac yn eiriau, i mi ei chyfansoddi efo Bob Delyn, ond syniad Gorwel oedd newid y cord i wneud cytgan, a syniad Now Glynne oedd rhoi'r hen gainc 'Pant Corlan yr Ŵyn' yn sownd ynddi ar ôl imi weiddi 'Y Crac Cymraeg!' Mi wnaed ffilm bach hwyliog o'r band – fel roeddem ni adeg hynny – yn ei pherfformio hi yn nhafarn yr Anglesey yng Nghaernarfon, lle da iawn am 'jam' ers talwm. Mi gafodd Gorwel a fi ein cyfweld hefyd wrth y wal uwchben afon Menai. Roeddem ni'n werinol iawn yn y dyddiau hynny ac roedd y gân hon yn mynd â'r band 'yn rhy bell o'r lan' ym marn rhai. Ym marn tri, a dweud yn iawn. 'Yn ôl pob sôn,' meddai 'GYS' yn *Sothach*, 'maen nhw'n teimlo bod Bob Delyn yn dechrau gwyro gormod o lwybr cul y traddodiad.' Rwy'n cofio rhywrai ar y pryd hefyd yn gwgu arnom ni am annog pobl ifanc i gymryd cyffuriau – y llinell 'awn ni i lawr i gael dipyn o grac' oedd wedi eu drysu nhw. 'Crac' yn yr ystyr 'craic' y Gwyddelod sydd yn y gân, wrth reswm. Ond yr hyn rydw i yn sylwi arno fwyaf heddiw wrth weld y ffilm ydi'r mwstásh...

Ta waeth! Cân ydi 'Gwyddel yn y Dre' am hen gyfaill o'r enw Jonjo Ó Flaithbheartaigh o'r Cuilean yng Nghonemara. Mi ddaeth hwn am sbel i weithio i Bortmeirion a mawr iawn fu'r hwyl efo fo. Un bore Sul braf o haf roedd criw ohonom yn eistedd yn ddistaw iawn wrth fwrdd y gegin yn yfed coffi cry a drws y tŷ'n agored led y pen. 'Where is Cleopatra?' meddai Jonjo mwya' sydyn. Cleopatra? Cleopatra? Am beth roedd y dyn yn paldaruo? 'You know, that lovely girl I was talking to last night: Cleo.' A! *Llio* roedd o'n 'feddwl! Llio Sulyn, oedd wedi mynd adre yn y bore cyn inni godi. Tra oeddem ni'n egluro hyn iddo, dyna gysgod mawr yn tywyllu'r drws a llais fel tarw du Cymraeg mewn ogof yn dweud 'Bore da!' Mi syllodd Jonjo Ó Flaithbheartaigh yn gegrwth am eiliad ac wedyn sefyll nes bod ei gadair yn fflio a gweiddi 'An Sagart Dubh! An Sagart Dubh! Lean an Sagart Dubh as Éirinn mé!' a chymryd y wib o'r gegin i gefn y tŷ. 'Yr Offeiriad Du' ydi ystyr 'An Sagart Dubh', ac yn hynny o beth doedd Jonjo druan ddim yn bell o'i le. Yr Hybarch Archabad Deiniol, yr unig offeiriad Uniongred Groegaidd o Gymro, oedd yn y drws. Ac roedd ei wisg offeiriadol, o gorun yr het gron uchel am ei ben hyd at odre ei gasog helaeth, heblaw am y groes arian yn llathru ar ei fron, fel y fagddu. Roedd ei locsyn fel un Pedr Sant, ac rwy'n credu bod ffon fagl ganddo hefyd. Rhyw ysbryd wedi ei ddilyn o Iwerddon oedd o ym meddwl Jonjo Ó Flaithbheartaigh. Mi gawsom ni hyd i'r creadur o dan y gwely yn crynu...

'Mae o'n fýth,' meddai Gorwel yn y cyfweliad hwnnw y tu allan i'r Anglesey. 'Yndi,' meddwn innau, 'ond mae o'n bod hefyd, mae o'n ddyn o gig a gwaed. Bob tro y bydd o'n dod i Gymru mae 'na goblyn o hwyl, ac mae 'na hanes ar ei ôl o ym mhob man. Bob tro y bydd o'n mynd ar y cwch yn ôl mae 'na hen grio a hiraethu...'

'A rŵan mae 'na gân amdano!' meddai Gorwel er mwyn torri'r peth yn ei flas, ond ymlaen â mi: 'roedd petha'n llawer mwy hwyliog yng Nghymru cyn y Diwygiad Methodistaidd; roedden nhw'n dawnsio ym mhob man, roeddwn nhw'n dawnsio ar y Sul. Yn noethlymun weithia'...' (Yn noethlymun?! Pa bryd y bu hynny?) 'Mi wnaeth y Capel ddaioni mawr ar lawer ystyr, ond mi laddodd bob dim hwyliog...' (Mi gefais achos eto i ddifaru dweud pethau mawr ar fy nghyfer fel hyn am y Methodistiaid, fel y cawn weld.) 'Ac mae'r Gwyddel yn dŵad â phob peth felly drosodd yn ôl i Gymru. Tasen ni ddim ond yn medru dal ein gafael ynddo cyn iddo ddiflannu, mi fasai pob dim yn iawn, on' basai? A dyna ydi arwyddocâd y gân...' 'O'n i ddim yn gwybod hyn'na!' meddai Gorwel.

Ond mi gydiodd y Gwyddel ac mi gychwynnodd Bob ar ei daith. Y peth diwethaf i neb ei glywed am Jonjo Ó Flaithbheartaigh, gyda llaw, oedd bod ganddo ddisgo teithiol fel Mici Plwm a'i fod o'n galw ei hun yn Jonjo Star.

6.

Trên Bach y Sgwarnogod

Mae trên bach y sgwarnogod
yn dod ar hyd y rêls,
Mae trên bach y sgwarnogod
yn dod ar hyd y rêls,
O, mae trên bach y sgwarnogod
yn dod ar hyd y rêls,
Y trên sy'n dod i achub y byd.

Faint mae'n mynd i gostio
I deithio ar y trên,
Faint mae'n mynd i gostio
I deithio ar y trên,
Faint mae'n mynd i gostio
I deithio ar y trên,
Y trên sy'n dod i achub y byd?

Wel, dydi hi'n costio dim i sgwarnog
Deithio ar y trên,
Dydi hi'n costio dim i sgwarnog
Deithio ar y trên,
Dydi hi'n costio dim i sgwarnog
Deithio ar y trên,
Ar y trên sy'n dod i achub y byd!

Ga'i ddod â'm gwraig a'm plentyn,
Meri Lŵ a Sera Jên,
Ga'i ddod â'm gwraig a'm plentyn,
Meri Lŵ a Sera Jên,
Ga'i ddod â'm gwraig a'm plentyn,
Meri Lŵ a Sera Jên,
Ar y trên sy'n dod i achub y byd?

Wel, cewch, Tudfryn Tomos,
Chwarelwr mawr a chlên,
Cewch, Tudfryn Tomos,
Chwarelwr mawr a chlên,
'Gewch chi ddod â'ch gwraig a'ch plentyn,
Meri Lŵ a Sera Jên,
Ar y trên sy'n dod i achub y byd!

Ga'i ddod â'r sliwod spontus
Sy mor lwcus ac mor wlyb,
Ga'i ddod â'r sliwod spontus
Sy mor lwcus ac mor wlyb,
Ga'i ddod â'r sliwod spontus
Sy mor lwcus ac mor wlyb
Ar y trên sy'n dod i achub y byd?

Na chei 'chos 'di'u clustia' nhw
Ddim digon hardd a hir,
Na chei 'chos 'di'u clustia' nhw
Ddim digon hardd a hir,
Na chei 'chos 'di'u clustia' nhw
Ddim digon hardd a hir
I'r trên sy'n dod i achub y byd!

'Cos mae trên bach y sgwarnogod
Yn dod ar hyd y rêls,
Mae trên bach y sgwarnogod
Yn dod ar hyd y rêls,
Mae trên bach y sgwarnogod
Yn dod ar hyd y rêls,
Y trên sy'n dod i achub y byd!

Rydw i wedi gwneud tipyn go lew o ganeuon i Bob Delyn a'r Ebillion, rhai yn eiriau ac yn diwn o'm pen a'm pastwn fy hun, rhai yn eiriau ar alaw werin neu ar diwn mae Gorwel wedi ei

Y trên bach yn dod 30 mlynedd yn ôl

chyfansoddi, rhai yn eiriau ar ryw riff sydd wedi neidio allan o jam, fel petai. Ond mae niwl dros lawer o droeon yr yrfa erbyn hyn. Mi holais Gorwel am y Trên Bach. 'Dod yn ôl i'r fflat yn Bethesda yn feddw wnaethon ni,' meddai. 'Codaist ti'r gitâr a chanu'r gân yn y fan a'r lle a bu chydig o awgrymiadau ar ambell i bennill wedyn. Fel y cofiaf, mi wnaeth Andy, cariad Donna ar y pryd, awgrymu 'faint mae'n mynd i gostio?' Fy syniad i oedd bod y sliwod yn 'spontus'.' Lle'r oeddem ni wedi bod? holais wedyn. 'Llangollen, ella?' meddai Gorwel. A dyna gofio ein bod ni ein dau wedi mynd un flwyddyn ar gyrch clera i Eisteddfod Llangollen i ganol y dawnswyr tri lliw ar ddeg. Mae'n debyg inni wario enillion 'Y Bachgen Main' a 'Hwyliau Coch' a 'Bwlch Llanberis' i gyd ar gwrw, a phan ddaeth hi'n amserach clwydo, a'r dawnswyr yn ei throi hi dan dincial am eu gwestai, doedd gennym yr un nyth i fynd iddo. Ond pwy ddaeth heibio ond Rhys Meirion, cyn iddo ddod yn ganwr enwog. Mi dosturiodd yn arw atom a mynd â ni adre i'w gartre yn Rhuthun. Mi roes o win coch da inni a rhoi *White Album* y Beatles i droi ddwywaith, ac 'yn wir,' meddai wrthyf, 'un dydd byddwn ni'n canu gyda'n gilydd ar lwyfan yr Eisteddfod Genedlaethol...' 'Na!' meddai

Gorwel. '*Tafarn* y Llangollen yn Bethesda!'

Ta waeth! Mi soniais am fy niléit mewn telynau. Mae diléit erioed hefyd mewn sgwarnogod. Duw a ŵyr pam. Mae'r gair 'sgwarnog' ei hun yn ddifyr. O'r hen air Cymraeg 'ysgyfarn' yn golygu 'clust' y daw o, ac ansoddair ydi o yn y bôn: 'clustiog'. Mi allwch wneud pob mathau o fabolgampau ieithyddol efo fo: dweud bod rhywun yn 'ei sgwarnogi hi'; dweud bod rhywbeth yn 'sgwarnocach' peth na dim; neu ymroi i 'Sgwarnogrwydd' fel ffordd o

Clawr Sothach *adeg gwneud ffilm o'r 'Trên Bach'*

fyw (trychinebus o beth i'w wneud yn y pen draw, gyda llaw). Dylid cofio hefyd bod y sgwarnog yn gwbwl wahanol i'r wningen. Er bod rhyw archeolegwr swolegol wedi profi yn ddiweddar mai'r Rhufeiniaid, ac nid y Normaniaid fel y tybid, a ddaeth â'r wningen i'r ynysoedd hyn, o'r hen enw Saesneg 'konnyng' mae ein henw ni arni yn dod. Ond Brython ydi'r sgwarnog a Brythoneg ydi ei enw; 'skouarn', sef 'ysgyfarn', ydi gair y Llydawyr hyd heddiw am glust. Ystyr 'skouarnek' ydi 'clustiog' ac mae o'n enw teuluol cyffredin yn Llydaw, fel Troadeg ('troediog'), Lagadeg ('llygadog') a Penneg ('peniog'). Ond enw'r Llydaweg ar yr anifail ydi 'gad', a 'gedon' ydi llawer ohonyn nhw. Llydaweg hefyd, gyda llaw, ydi gair Gorwel i ddisgrifio'r sliwod yn y gân. Ystyr 'spontus' ydi 'ofnadwy'.

Un tro, pan oedd Bob Delyn ar daith yn Llydaw ac yn aros ym Mhresbytêr Landelo, mi alwom ni yn Ty Elise, y chwedl o dafarn llawr pridd roedd Bun Walters o Ferthyr yn ei chadw ym

Yann Skouarnek, ar y dde; Yann Griz ar y chwith
(llun: Martin Roberts)

Mhlouiê. Roedd yno ddyn fawr hŷn na ni a'i hogyn bach wrth ei ochr ar y fainc. Roedd o'n medru Llydaweg yn iawn, ond Ffrangeg roedd o'n ei siarad efo'r hogyn. I beth, meddai, y dysgai i'w fab iaith na fyddai o fudd yn y byd iddo? Rheitiach o lawer oedd trosglwyddo iddo grefft y saer coed. Roeddem ni'n gweld hynny yn 'spontus' iawn, wrth gwrs. Ond cyn gadael, mi gawsom wybod gan y saer mai YANN SKOUARNEK oedd ei enw, ac ar y ffordd yn ôl i'n llety yn y tywyllwch Llydewig, beth a groesodd y ffordd o'n blaen ond clamp o fwch sgwarnog mawr. Bu'n rhaid imi holi Gorwel eto er mwyn cadarnhau bod y pethau hyn i gyd wedi digwydd go iawn. 'Do,' meddai. 'Mi oedd 'na Sgwarnog.'

'Dyn ac anifail?

'Ia. Roeddem ni megis mewn byd arall yn Llydaw, byd y dychymyg hud a'r anymwybod...'

Am yn hir wedi hynny, bob tro y byddem yn canu 'Trên Bach y Sgwarnogod', byddai gwahoddiad i hen gyfaill, Yann

Skouarnek, ymuno efo ni ar y llwyfan (Gareth Siôn gan amlaf).
'Gedon' ydi teitl trydedd albym Bob Delyn. Mi gafodd honno
adolygiad reit ffafriol gan Mr. D. Lewis Smith, ond 'I'm not sure,'
meddai, 'if the doom-laden, apocalyptic Breton prologue and
epilogue actually add anything...' Mae hi'n wir bod y llais mawr
arswydus Llydaweg ar ddechrau'r albym fel petai o yn darogan
'Armagedon'. Ond y llinell yn iawn ydi: '*Lammit war ma gedon!*',
sef 'Llamwch ar fy sgwarnogod!'

Pwy ydi Tudfryn Tomos? Pan ddaeth hi'n amser recordio'r
gân, roedd angen lleisiau eraill heblaw fy llais i i holi am y daith.
Gareth Siôn sy'n gofyn faint mae hi'n mynd i'w gostio i deithio
ar y trên. Nolwenn Korbel o Lydaw sydd eisio dod â'r sliwod
spontus efo hi. A chanwr oedd yn gweithio yn chwarel y Penrhyn
sy'n gofyn a gaiff o ddod â'i wraig a'i blentyn. Pan gyfarfum â
hwn gyntaf ym Methesda, gofynnais beth oedd ei enw. 'Tudfryn,'
meddai. 'Tudfryn!' meddwn innau, 'am enw difyr.' A dyna pawb
yn chwerthin. Achos nid 'Tudfryn' roedd y dyn wedi'i ddweud,
ond '*Titbrain*', a Martin Beattie (o Celt gynt) oedd ei enw iawn
o. Ond dyna eni Tudfryn Tomos, y chwarelwr mawr a chlên.

Pam rydw i yn jibio ac yn gwibio ac yn gweu fel hyn? Achos
erbyn hyn bydd y gân yn peri i bawb, yn hen ac yn ifanc, godi i
wneud trên 'conga' rownd a rownd y stafell. A'r gwir amdani
ydi mai 'Trên Bach y Sgwarnogod', o holl ganeuon Bob Delyn,
ydi'r unig gân y bydd neb yn ei chofio (am ryw hyd) ar ôl i Bob
roi'r delyn yn y to. A dydi hi'n golygu diawl o ddim byd, hyd y
gwn i!

7.

Y *Clerwr Olaf*

Lawer gwaith y bûm i'n 'styriad
Cael telynor imi'n gariad;
Dan ei fysedd, O na f'asa'
'Nghorff a'm calon union inna'.

Bysedd cry yn tynnu'r tanna',
Bysedd gwyn yn dynn amdana',
Bysedd mwyn yn llwyn llawenydd,
A ninna'n gwlwm yn ein gilydd...

O, mi glywais i am gwymp y clerwr ola'
A'i sachad ryfeddoda' hyd y llawr;
Mi aeth yr hanes hir ar gyrn a phiba'
Trwy'r llwyni tew a'r llanna' tywyll
Sydd rhwng gwyll a gwawr.

Ac mi glywais gan y bysgar yn y bore,
Gyda'i sigarét a'i lygaid Iesu Grist,
Bod 'na fil yn dod i fynd â'r hedydd adre
A gweddill blêr ei faner fach
Yn gadach yn y gist,
Y clerwr ola' wedi mynd o'r byd.

Maen nhw'n dŵad heb ddim plu'n eu hetia' duon,
Ac oni welwch yn y mwrllwch mawr
Ei gariad wyllt yn cerdded efo'r dynion
A'i dwylo'n hel y delyn hud
Yn llanast hyd y llawr?

O na fasem ninna'n cael dy ganlyn
A hel y siwrwd sêr yn ôl i'r sach
A chlywed eto'r dwylo ar y delyn,
Dy weld di'n codi megis cawr
A'r hen fyd mawr yn fach;
Y clerwr ola' wedi mynd o'r byd.

John Weston Thomas

Ychydig cyn fy mhen-blwydd i yn 18 oed, dywedodd Mam ei bod wedi prynu gŵydd a chlagwydd ac yr hoffai i mi fynd efo hi i'w nôl nhw. Ar bob cyfri, meddwn i. I lle? I Sir Benfro, meddai hithau. Yn Sir Benfro roedd y gwyddau gorau. Ac i Sir Benfro yr aethom...

Buom yn aros am dair noson mewn hen westy ar gyrion Tyddewi â thŵr mawr crwn ar ben y to. Drwy ffenestri hwnnw gellid gweld y môr pan nad oedd hi'n niwl mawr ar Wlad yr Hud. Y bore cyntaf ar ôl cyrraedd, mi aethom am dro i Nanhyfer i weld y groes Geltaidd a'r ywen sy'n wylo gwaed, a chromlech Pentre Ifan gerllaw. Yr ail fore, aethom i weld Tŷ godidog Dewi a chapel ei fam Non wedi mynd â'i ben iddo. A'r trydydd bore oedd y bore nôl gwyddau. Draw â ni (drwy Gas Morys!) i ffarm Mr a Mrs Thomas i Sealyham...

Roedd te a chacen yn barod yn y gegin. Am wyddau roedd y sgwrs. Beth mae gwyddau'n ei fwyta; beth nad ydi gwyddau yn ei fwyta; pa mor aml y bydd gŵydd yn dydwy wy; a oes blas da ar wy gŵydd; a ddylid clipio adenydd gwyddau; ydi gwyddau angen llyn o ddŵr; a fydd gwyddau yn ymosod ar gathod... Mi grwydrodd fy meddwl i, braidd, nes imi weld llun *telyn* ar y pared, a rhaid bod Mr Thomas wedi fy ngweld yn syllu achos mi gododd a rhoi arwydd imi ei ddilyn. Aethom ar draws y buarth ac i mewn i'r beudy tywyll. Doedd dim gwich na gwawch a phan droes Mr Thomas switsh y golau o'r diwedd, doedd dim gwyddau chwaith, dim ond rhes o DELYNAU. Mi aeth Mr Thomas at un ohonyn nhw a chodi'r gorchudd oddi arni. 'Dy ŵydd di!' meddai.

Achos nid dyn gwyddau oedd Mr John Weston Thomas yn iawn! Ganwyd o yng Ngwaelod y Garth yng Nghaerdydd ym 1921. Bu am sbel yn saer coed ar long yr un fath â'i dad a'i daid, ac wedyn ar y lan. Ym mhen hir a hwyr mi droes ei law at wneud telynau, a fo oedd yr unig saer telynau yng Nghymru i gyd adeg hynny; roedd gwneuthurwyr telynau enwog Llanrwst wedi hen ddarfod o'r tir, a rhai Gwlad y Mwynder. Mi gododd Mr Thomas a'i dri phrentis y grefft yn ei hôl yn uchel iawn. Gofynnodd Tywysog Cymru iddo unwaith beth oedd y diléit mawr mewn telynau. Mae telyn, meddai Mr Thomas, yn debyg i long ac i ferch: yn bert iawn ei thro.

Bu ffidlwrs a chanwrs ac organyddion yn ein teulu ni, ond yr un telynor i mi fod yn gwybod. Ond am ryw reswm rydw i, fel roedd Mr Thomas, yn gwironi ar delynau. Rydw i'n cofio gweld telyn yn agos am y tro cyntaf, telyn aur a hogan aur yn ei chanu, yn Bryndu i lawr y lôn. Ac yn ein tŷ ni roedd lamp hir a'i choes hi wedi ei goreuro fel llorf telyn. Bob tro y clywn sŵn telyn ar y radio neu ar y gramaffôn, mi awn at y lamp i hel fy nwylo hyd y tannau

Y delyn newydd

anweledig, meddai Mam. Dyna pam y penderfynwyd rhoi telyn imi ar ben fy mlwydd yn 18 oed, a'm henw i ac enw'r delyn, 'Garth', a'r flwyddyn (1979!) ar darian fechan efydd ar ei chrib. Y Nadolig hwnnw mi gefais anrheg arall, sef 'Renaissance de la Harpe Celtique', y record gan y telynor Alan Stivell o Lydaw. Ni fedraf wrando ar honno heddiw nad ydw i'n hedfan yn ôl i'r Mynydd Du a'r mynydd du yn wyn gan eira.

Bûm ar lawer cyrch difyr efo Garth! Ym 1980, dechreuais fysgio efo hi yn un o'r rhodfeydd dan do ym marchnad Abertawe, lle'r oedd fy nghariad i adeg hynny yn y Coleg. Y llecyn gorau oedd wal gyferbyn â siop ddillad dynes glên iawn o Gwm Tawe. Un peth roedd hon eisio bob tro gan y telynor, sef canu am 'Y Deryn Pur', hynny â chael tynnu ei llaw drwy ei wallt cyrls. 'O, cana hi 'to, fy machgen i. Cana hi 'to...' Roedd hi'n talu, cofiwch.

Poster y Gyngres Geltaidd

Ym 1981, mi es â'r delyn efo fi i gynhadledd y Gyngres Geltaidd i Lannuon yn Llydaw. Un noson, mi aeth y si ar led fod Alan Stivell wedi cyrraedd ac yn chwilio am delyn! A dyna estyn fy nhelyn i, a'i gwylio yn mynd yn araf o law i law i'r llwyfan lle'r oedd y dewin yn disgwyl. Mi sgrifennodd ei enw wedyn yng nghanol rhyw gylchoedd Celtaidd ym mol y delyn. Mi ddois i i'w nabod ymhen blynyddoedd.

Bûm o dro i dro yn canu'r delyn yng ngwesty Portmeirion hefyd. Un noson, yn y taw wedi imi chwarae 'Y Bachgen Main', 'Bwlch Llanberis', 'Yn y Gwŷdd', 'Cariad Cyntaf', 'Yr Eos a'r Glân Hedydd', 'Lisa Lân', 'Ddoi di, Dai, i blith y blodau?', 'Tin y Sach', 'Y G'lomen', 'Pant Corlan yr Ŵyn', 'Y Deryn Pur', 'Pwt ar y Bys' a 'Chlec ar y Bawd' yn un rhibidirês, dyna lais mawr crand yn dweud 'It's a pity he doesn't play any *Welsh* airs...'

Yn Freiburg im Breisgau yn yr Almaen wedyn roedd oriau penodol i'r bysgwyr: cychwyn am 9; egwyl o ddwyawr am hanner dydd; gorffen am 7. Os oedd 'na dinc neu donc neu wich neu wawch yn ystod yr oriau tawel, nid y cerddor oedd yn cael mynd yng nghefn fan y *Polizei* i'r ddalfa ond yr offeryn. Ond os byddai awel yn chwythu, doedd dim rhaid imi gyffwrdd dim yn

'Cana hi 'to, fy machgen i...'

y delyn – dim ond gadael iddi ganu ei hun a gwrando ar y *Harfengeld* yn tincial yn y beret. Un bore, cyrhaeddais chydig yn hwyr, ac mi glywn o bell rywun arall yn canu caneuon traddodiadol y Cymry! Y canwr a'r chwedleuwr Guto Dafis oedd yno efo'i acordion. Roedd ganddo lais cry, ond doedd ei offeryn o ddim yn canu ei hun, heblaw am ryw ochenaid fel yr ebwch olaf wrth ei roi o'r naill du. Bûm yn hel bariau Freiburg efo'r gwilihobyn, ond dydw i i ddim yn cofio inni ganu efo'n gilydd, chwaith. Gorau po leiaf o gydfysgwyr. Un min nos wedyn, a minnau'n hel fy mhethau, daeth dynes fawr grand ataf a gofyn imi fynd yn delynor iddi hi yn ei thŷ mawr crand yn Kiel, ond adre yr es i a'm telyn ar fy nghefn at fy nghariad i'r gwersyll ar gyrion y ddinas.

Roedd y llwybyr allan o'r hen dre yn mynd hyd odre mynydd go serth, a'r noson honno wrth iddi dywyllu, mi welwn ddyn yn dod ar wib i lawr o'r ffriddoedd. Toc, dyna fo'n sefyll o'm blaen â ffon hir yn ei law; dyn tal, main, â het gantel llydan am ei ben, gwasgod felfed â botymau ifori, côt hir, clôs pen-glin, bwtias lledr â byclau, a'r cwbwl, heblaw'r botymau a'r byclau,

Gwisg draddodiadol y Goedwig Ddu
(hen gerdyn post)

yn ddu. A dweud y gwir, roedd o'n debyg i ryw Dad Deiniol tenau a dilocsyn. A oedd ganddo lais tebyg i darw du Cymraeg mewn ogof, ni wn, achos dim ond gwenu arnaf i wnaeth o, a minnau arno fyntau, a phawb i'w ffordd ei hun. Adeg hynny byddai dynion a merched y ffermydd yn dod yn eu gwisgoedd traddodiadol bob dydd Sadwrn i werthu eu nwyddau i'r farchnad ar sgwâr yr Eglwys Gadeiriol yn yr Altstadt. Ond mi gefais wybod hefyd fod Llywodraeth yr Almaen yn hael ei nawdd i brentisiaid mewn galwedigaethau traddodiadol – fel bugeilio – oedd yn fodlon peidio â rhoi heibio hen arferion a gwisgoedd eu tadau.

Rŵan, yn yr hen benillion mae dau fath o ddyn yn uchel iawn gan y merched. Un ydi'r gof am ei fod yn gyhyrog ac efo job iawn:

Ni charaf na glwfer na chobler na chrydd
Na sgogyn o deiliwr nac eilun o wŷdd
Na'r un o'r mân grefftwyr, sut bynnag y bo;
Ni charaf, ni cherais un llencyn ond go'. (**HB** 437)

Yr ail ydi'r telynor am fod ganddo fysedd chwim a thafod arian:

Sŵn y delyn, sŵn y tannau,
Sŵn cyweirgorn aur yn droeau,
Sŵn ding-dong ar long f'anwylyd
Ydyw'r peth sy'n dwyn fy mywyd. (**HB** 246)

A thelynor ydi'r 'clerwr' yn y gân, rhyw bencerdd o delynor chwedlonol. Ond mae o'n 'hedydd' hefyd, fel hwnnw y clywsom si ei fod 'wedi marw ar y mynydd'; mae'n debyg fy mod i wedi bod yn edrych ar ddarlun enwog P. J. al Loutherbourg, 'The Bard', yn y cyfnod hwnnw, ac yn cofio am 'The Minstrel Boy' yng nghyngerdd blynyddol yr ysgol breswyl bell!

'The Bard', P. J. De Loutherbourg

8.

Cân Beuno

Ar lan hen afon Hafren, lle'r oedd fy nghartre i,
Mi glywais lais yn galw yr ochor draw i'r lli,
A hynny mewn llais diarth a'r acen hylla'n bod,
A gwyddwn wrth ei glywed am y gofid oedd yn dod...

Rover! Rover! Such a clever dog!
Rover! Rover! Run and fetch a log!

Ar lawer bore hawddgar mi fûm yn nrws fy nhŷ
Yn gwrando chwedl afon ac emyn deryn du,
A dyna'r man difyrraf dan haul a lleuad Duw,
Ond aros ar lan Hafren ni fedrwn yn fy myw...

Rover! Rover...

A dyna hel fy llyfrau, fy sgrepan a fy ffon
A mynd o olwg Hafren â charreg dan fy mron,
Ond er gwaetha'r holl fynyddoedd oedd bellach rhyngom ni,
O, mi glywn y llais yn galw yr ochor draw i'r lli...

Rover! Rover...

A'm sgidiau i gyd yn dyllau, mi ddois i Glynnog Fawr;
O dan hen goeden gelyn, eisteddais i i lawr;
Yno y bu fy llafur, ac yno y claddwyd fi –
Ond dw i'n dal i glywed y bastad Sais yn galw ei fastad ci!

O, Rover! Rover...

Capel Beuno, Clynnog Fawr yn Arfon

Roeddwn 'i mewn' am y Gadair yn Eisteddfod Tyddewi yn 2002. Chefais i moni, efallai *yn rhannol* am fy mod i wedi dangos fy awdl i un o'r beirniaid mewn tŷ tafarn cyn ei hanfon hi! Myrddin ap Dafydd a gafodd y gadair hardd honno. Ond *mi* enillais i stôl y Stomp â'r penillion yma. A'u canu nhw wnes i yn hytrach na'u hadrodd, ac annog y gynulleidfa i ymuno yn y gytgan.

Peth i'w ailgylchu o hyd oedd tiwn dda ers talwm. Roedd 'na nifer fawr o geinciau roedd pawb yn eu gwybod yn iawn, a phan fyddai'r gweision a'r morynion ffermydd yn dod at ei gilydd ar ddiwedd wythnos waith i ganu eu profiad, roedden nhw'n galw am gainc sionc neu drist neu smala yn ôl fel roedd eu pennill, ac roedd y telynor yn taro honno (sionc: **HB** 102; trist: **HB** 148; smala: **HB** 550). Ond pan ddechreuwyd ystyried cân werin yn rhywbeth gwerth ei gofnodi, dyna'r alaw a'r geiriau oedd yn digwydd bod arni ar y pryd yn aml iawn yn mynd yn sownd yn ei gilydd am byth, ac enw'r alaw o hynny allan yn codi o'r gân. Ar hen alaw dlws iawn sydd wedi ei nodi yn y *Caneuon Traddodiadol* o dan yr enw 'Llangollen Market' y byddaf i yn canu 'Cân Beuno'.

Sant oedd Beuno a gychwynnodd yn y Berriw yng Ngwlad y Mwynder yn y seithfed ganrif. Adeg hynny roedd y gwahaniaeth rhwng derwydd a sant ychydig yn annelwig. Ystyr enw Beuno ydi 'un sy'n gwybod am wartheg', sy'n dwyn i gof rai o'r enwau brodorol y daethom ni ar eu traws yn Saskatchewan, fel 'Blaidd sy'n Gorwedd' a 'Gweithred Arth yn Amddiffyn ei Chywion'. Un bore, a Beuno yn cerdded ar lan afon Hafren, mi glywodd ddyn ar y lan bellaf yn galw ar ei gi mewn iaith newydd, a dyna'r tro cyntaf i neb glywed Saesneg y ffordd yna. Ac am fod y Saeson yn baganiaid, dyna'r sant yn codi ei binnas ac yn mynd ar grwydyr drwy'r wlad. Bu'n oedi ym Metws Cydewain, Gwyddelwern a Llanycil ym Mhowys, yn y Berffro a Threfdraeth ym Môn, ym Mhenmorfa yn Eifionydd a Charguwch a Phistyll a Botwnnog yn Llŷn. Yn y llefydd hyn i gyd cododd llannau yn ei enw wedyn, fel gwenith lle bu heuwr. Yn Nhreffynnon mi sodrodd ben ei nith Gwenffrewi yn ei ôl ar ei sgwyddau ar ôl ymosodiad erchyll â chleddyf. Ac mi gododd chwech o rai eraill o farw yn fyw. Rhyw 'Lorcan Wyddel' yn un. Ac fel hyn y canodd Lewis Glyn Cothi yn ei alar ar ôl ei hogyn bach, Siôn y Glyn:

Beuno a droes iddo saith
Nefolion yn fyw eilwaith;
Gwae eilwaith fy ngwir galon
Nad oes wyth rhwng enaid Siôn.

Ta waeth! I Glynnog Fawr yn Arfon y daeth Beuno yn y diwedd ac yno y bu farw. A gellir gweld y man lle'i claddwyd drwy ffenest tŷ'r beirniad hwnnw y dangosais fy awdl iddo!

Ar ôl imi ganu'r gân yn Nhyddewi a chael fy stôl, mi ddaeth dyn ataf â golwg flin iawn arno. 'Rhag dy gywilydd di,' meddai, 'yn canu'r fath beth!' Hiliol oedd o, meddai, ac roeddwn wedi chwalu blynyddoedd o waith cymodi. Yn ddiweddar, gwnaed ymchwil DNA ar sgerbwd dyn ifanc a gladdwyd yn Oes y Cerrig mewn ogof heb fod yn bell o bentre Cheddar yng Ngwlad yr Haf. Cafwyd hyd i ddisgynnydd unionsyth i'r dyn, athro o'r enw Mr Targett, yn byw o fewn hanner milltir i'r fan! Saesneg ydi hwnnw, wrth reswm. Ond roedd tylwyth Mr Targett yn byw yn yr ardal honno ymhell bell cyn bod sôn am na Sais na Chymro. Nid yr un peth ydi iaith a hil ac nid cân hiliol ydi 'Cân Beuno'! Rydw i'n dal i'w chanu ac mae'r gynulleidfa yn dal i ymuno, a does neb arall wedi cwyno yn ystod yr ugain mlynedd aeth heibio.

9.

Cân John Williams

John Williams yw fy enw i
John Williams yw fy enw i
Yng Ngrwyne Fechan mae fy nhŷ
Ffal-di-ral-di-ro
Yng Ngrwyne Fechan mae fy nhŷ
Ffal-di-ral-di-ro

Mae 'da fi ddeunaw tsiaen o dir
Mae 'da fi ddeunaw tsiaen o dir
Does dim o'u tebyg yn y sir
Ffal-di-ral-di-ro
Does dim o'u tebyg yn y sir
Ffal-di-ral-di-ro

Os wyf yn hen, rwy'n ddigon iach
Os wyf yn hen, rwy'n ddigon iach
Rwy'n dal i 'redig dipyn bach
Ffal-di-ral-di-ro
Rwy'n dal i 'redig dipyn bach
Ffal-di-ral-di-ro

Ond cadw'r felin oedd fy ngwaith
Ie, cadw'r felin oedd fy ngwaith
Bûm wrthi am flynydde maith
Ffal-di-ral-di-ro
Bûm wrthi am flynydde maith
Ffal-di-ral-di-ro

Mae'r hen faen melin ar y llawr
Mae'r hen faen melin ar y llawr
A rhaid i ni ddiweddu 'nawr
Ffal-di-ral-di-ro
A rhaid i ni ddiweddu 'nawr
Ffal-di-ral-di-ro

John Williams

Melin Grwyne Fechan

Ym 2016, mi gefais i'r fraint o agor y Babell Lên yn Eisteddfod Sir Fynwy a'r Cyffiniau yn y Fenni. Sut goblyn y cefais i wneud hynny? meddach chi. Eifionydd, nid y Fenni, yn iawn yw 'nghynefin i! Pan oedd fy nhad yn blentyn, roedd ganddo ddwy hen fodryb yn y Fenni, ac roedd ei dad o yn un o dri ar ddeg o blant a fagwyd mewn tŷ tafarn ym Mynwy. Mae'n debyg fod llond gwlad o gyfyrdryd a cheifnaint a gorcheifnaint yn Sir Fynwy a'r Cyffiniau! A thrwy saith degau'r ganrif ddiwethaf, mi fûm i'n byw ychydig filltiroedd o'r Fenni mewn lle o'r enw Fforest Coal Pit yng Nghwm Grwyne Fawr yn y Mynydd Du. Nid y Mynydd Du yr ewch chi drosto o Rydaman heibio'r grug a'r mawn, ond un tywyllach o lawer.

Un min hwyr o haf yn Fforest Coal Pit, a minnau'n cicio fy sodlau wrth y groeslon ar waelod allt Twyn y Gêr, lle'r oedd ein cartre uchel ni, dyma gar isel a hir fel sigâr yn mynd heibio yn ddistaw ac yn stopio ymhen chydig lathenni ac yn bagio'n ôl ataf i. Mi ddaeth y ffenest i lawr, ac meddai dyn mawr tew: 'Hey, Sonny, can you tell us where the coal mines are?' Mi fu'n rhaid imi egluro nad oedd yr un pwll glo yn agos. Golosg ydi'r glo yn enw'r lle. Gellir gweld hyd heddiw ryw bantiau yma ac acw lle bydden nhw'n llosgi'r coed i'w wneud. O fewn golwg i'r llecyn hwnnw ar waelod yr allt mae Pont Ysbig, sef Pont Esgyb yn iawn: Pont yr Esgobion. Ar y bont honno bu Gerallt Gymro a'r Archesgob Baldwin yn pregethu i hogiau'r Mynydd Du adeg y Groesgad. Dafliad carreg i ffwrdd mae eglwys Merthyr Iswy, lle mae pared crog neu '*rood screen*' gogoneddus a'r Angau coch hwnnw. Chydig iawn o bethau pabyddlyd felly a gafodd lonydd gan ddynion Cromwell, ond pan ddaeth y rheini ar eu drwg drwy'r Mynydd Du, mi glosiodd y coed derw at ei gilydd er mwyn cuddio eglwys Merthyr Iswy o'r golwg. Roedd hanesion fel hyn fel rhyw wreichion yn nhywyllwch y Mynydd Du.

I'r cwm nesaf draw, Grwyne Fechan, ym 1939, mi ddaeth T. J. Morgan i recordio llais John Williams y melinydd, nid ar

Twyn y Gêr

feinyl ond ar gŵyr. Bwrdd Celtaidd Prifysgol Cymru oedd wedi ei anfon, a'r nod oedd rhoi ar gof a chadw Gymraeg y cwr hwnnw o'r wlad cyn iddo ddiflannu; rhyw bump o Gymry oedd yno, a phob un tua'r pedwar ugain. Ni fu T. J. Morgan yn holi dim am chwedlau'r ardal nac am ganeuon a phenillion; cofnodi'r dafodiaith oedd ei dasg: 'b' a 'd' ac 'g' yng nghanol gair yn caledu yn 'p', 't' a 'c'; y gair 'tsiaen' am erw a 'mocion' ('mamogion') am ddefaid; 'cwnnu' am godi. Ond mi sgrifennodd am y profiad wedyn: 'Teimlais bang o dristwch,' meddai, 'o feddwl fy mod yn gweld megis mewn drych yr olaf rai o siaradwyr yr iaith Gymraeg. Pa bryd y digwydd tranc yr iaith, ni allaf broffwydo, nac ymhle y digwydd; yng Ngheredigion efallai, neu yn Sir Fôn, yn yr unfed ganrif ar hugain efallai; yr ydwyf wedi gweld y peth yn barod yng Ngrwyne Fechan...'

Daw'r dyfyniad o ysgrif yn y gyfrol *Trwm ac Ysgafn* a gyhoeddwyd ym 1945, y flwyddyn y disgynnodd John Williams y melinydd yn farw gelain gorn ar y stryd yn y Fenni. Hanner canrif wedi hynny mi gefais i afael ar yr hen record feinyl sgriff-sgrafflyd roedden nhw wedi codi llais John Williams arni oddi ar y cŵyr. Ac mae llais y melinydd yn fy nilyn i byth ers hynny. 'John Williams yw'n enw i. Wi'n byw yn felin Grwyne Fechan. Wi'n catw dipyn bach o fferem, oboiti deunaw tsiaen. Weti bod yn malu un waith ond ddim nawr. Mae'r felin weti mynd lawr. Dim gwaith iddi. Wi'n dal i retig dipyn bach, jest i gwnnu cwpwl o datws...' a llais T. J. Morgan ar ddiwedd y recordiad yn dweud 'Rhaid inni... ddiweddu nawr'.

Mae hi'n ffaith, cofiwch, fod John Williams y melinydd heb fagu'r un o'i naw o blant o'i ddwy briodas yn iaith ei fam mwy na'r saer coed hwnnw o Lydäwr. Ond weithiau mae'r Gymraeg yn debyg i fawn yn mudlosgi. Ychydig iawn o Gymraeg oedd yn y Fenni pan oeddwn i yn llencyn. Erbyn hyn mae yno Ysgol Gymraeg, a honno'n ffynnu. 'Rhaid inni... ddiweddu 'nawr,' meddai T. J. Morgan ym 1939. 'Na raid, myn Duw!' meddwn innau wrth agor y Babell Lên yn y Fenni. 'Chwythed awel ar y golosg, ac mi ailgynheuith y Gymraeg yn fflamau yn y mannau mwya' tywyll! (A dyna pam y byddai yn drychinebus, yn anfaddeuol, i'r Eisteddfod Genedlaethol roi'r gorau i deithio'r wlad...)'

Mi fûm i lawer gwaith ym melin John Williams yng Nghwm Grwyne Fechan. Roedd y geriach yno yn rhydu, a'r maen ar lawr. Ond roedd croeso yn y tŷ gan hen gyrnol a'i ddaeargi oedd yn dianc o'r tŷ byth a hefyd. 'Feckan!' galwai'r cyrnol ar ben y drws. 'Feckan! Come back here this instant!' Holais am yr enw. 'Feckan? Well, it's after the place, you see: Coom Groony Feckan.'

Mi wnes i'r gân hon o eiriau'r hen felinydd a'i chyflwyno hi i ddisgyblion Ysgol Gymraeg y Fenni.

Mae'n debyg bod canwrs eraill wedi cymryd at 'Gân John Williams' ac yn ei pherfformio hi yn fyw. Dyna ydi hanfod y traddodiad gwerin, yntê? A rhan iach o'r traddodiad hefyd ydi bod ailddehongli ac ailwampio. Difyr ydi darllen peth fel hyn: "Cân John Williams' was given a Lebanese vibe thanks to a particularly strong instrumental section at its end...' Ond mae darllen peth fel 'Cân John Williams' gets a slightly unfair comparison to 'Old MacDonald had a farm'...' yn debyg i glywed bod plentyn ichi wedi mynd i ryw drybini *embarassing* mewn dinas bell.

10.

Sŵn Ar Gardyn Post

Sŵn y glaw am bump y bore,
Sŵn y sêr ar ddiwedd siwrne,
Sŵn cyfarfod a chyfathrach,
Sŵn y rhai sy ddim yma bellach.

Sŵn y galar yn y galon,
Sŵn y trên a sŵn hen ddynion,
Sŵn y tafod aur yn toddi,
Sŵn y taw ar ddiwedd stori.

Sŵn y Beatles, sŵn barddoniaeth,
Sŵn penillion a chwedloniaeth,
Dyna'r sŵn sy'n gyrru rhywun
Gam yn nes tuag at y dibyn.

Roedd hi'n arfer gan Iwan Llwyd daro englyn neu bennill ar gerdyn post pan oedd ar daith drwy'r gwledydd, ac nid y fi oedd yr unig un o gylch mawr ei gyfeillion oedd yn eu derbyn nhw. Mi ddaeth y penillion hyn o Frasíl o dan y teitl 'Sŵn' ac mi 'cedwais nhw yn y drôr efo llawer o drysorau eraill. Pan fu farw Iwan, mi estynnais i nhw a chofio am y daith fawr y bûm i arni efo fo drwy wledydd De America i'r Wladfa. 'Y daith fwyaf rhyfeddol fu dros ben dau fardd o Gymro erioed,' meddwn i ar y pryd. Yn eglwys gadeiriol Cito yn Ecwadôr, gwelsom ffresco o'r Swper Olaf a mochyn cwta rhost ar y bwrdd; yn Lima ym Mheriw, meddai Iwan, roedd y Diafol yn byw; lle tebyg i Lanidloes ar b'nawn Sul oedd Rio de Janeiro ym Mrasíl; yn La Paz ym Molifia, roeddwn i bron â llewygu cyn cyrraedd pen y grisiau bob tro yr awn i'm gwely; yn Asunción ym Mharagwái,

Mochyn cwta i Swper

gollyngodd postman meddw lond sach o gardiau post wrth ein traed ni (a dyna egluro sut na chafodd neb gerdyn oddi wrthym ni o Baragwái). Ond lle bynnag yr aem ni, roedd y Beatles yno o'n blaenau...

Ym mhob dinas roedd gwesty mawr, ac ym mhob gwesty mawr roedd bar a phiano a chynulleidfa barod. Wnâi ffefrynnau Iwan, na 'Mae Nain Mewn Bwthyn Bach' nac 'O Fryniau Caersalem Caf Weled', mo'r tro. Y cwbwl roedd neb eisio'i glywed oedd caneuon y Beatles (yn enwedig y darn 'na, na, na, na-na-na-na...' yn 'Hey Jude'), a doedd fiw inni ganu'r un gân ddwywaith mwy nag yn y Plygain. Yn rhyfedd, braidd, dydw i ddim yn cofio llawer o neb ar y daith fawr honno ganu cân i ni, heblaw am Shaman yn Otovalo ym Mheriw yn rhyw riddfan swyngyfareddion wrth ein chwipio ni â gwialen a chwythu mwg sigarét i'n gwynebau.

Ac un noson yn y Gaiman, mi aethom ni â'r gitâr i dafarn ar gyrion y dre. Ymunodd y cerddor Héctor Macdonald â ni.

Dau gringo wrth y piano

Roedd yno wledd ar ein cyfer ni: cig oen *assado* a gwin coch yr Ariannin a hwyl adfywiol y Gwladfawyr. Y noson honno dysgwyd inni bennill arall i 'Sosban Fach' yn sôn am 'startsh' ac am y 'Death March'. Y noson honno hefyd ddaru ni gyfarfod y 'Dyn Hanner Ceffyl' (ond chwedl arall ydi hynny). A dyna ganu rhyw ganeuon roedden ni wedi eu gwneud ar y daith am yn ail â rhai gwerin roedden ni'n tybio y byddai pawb yn gyfarwydd â nhw; 'Mae'n Well ar y Chwith'; 'Calon Lân'; 'Y Weddi'; 'Hen Ferchetan'; 'Donde, donde, Eldorado?'; 'Mae Nain mewn Bwthyn Bach'. A dyna daro 'Trên Bach y Swarnogod' a syndod mawr oedd clywed rhes o genod yn y cefn yn canu nerth eu pennau.

Ta waeth, roeddem ni yn olau iawn yn ein Beatles, a buom wrthi lawer gwaith am oriau. Ond un noson yn y Gran Hotel yn Asunción ym Mharagwái mi aeth hi'n big arnom ni o'r diwedd ar ôl 'Hey Jude', a'r gynulleidfa yn gweiddi 'Más! Más! Más!' Nid dweud wrthym am fynd allan roedden nhw – i'r gwrthwyneb! Mi gymerodd Iwan a fi seibiant bach wrth y bar i drafod sut roeddem am gael mynd oddi yno yn fyw, a dyna benderfynu canu cân oedd yn *hit* tua'r un adeg â *hits* cyntaf y Beatles, sef 'I Believe' – recordiodd y Bachelors hi yn 1964 – a chogio bach mai'r Beatles oedd piau hi. Mi gawsom ni getawê hefyd a gadael yn wysg ein cefnau gan foesymgrymu a chodi'n hetiau lawer gwaith...

Wrth gofio am 'sŵn y Beatles' yn y Gran Hotel yn Asunción, ac am lawer antur arall ar y daith i'r Wladfa, y gwnes i'r diwn i eiriau Iwan, un hanner iddi yn debyg i 'I Believe' a'r llall yn lled werinol.

11.

Y *Deryn Du*

Y deryn du a'i bluen sidan,
A'i big aur a'i dafod arian,
Mi est i'r Dyffryn o fy mlaen,
Yn gynt na'r bŵts o ledar Sbaen.

A gwyn eu byd yr adar gwylltion
Sy'n cael mynd y ffordd a fynnon',
Weithiau i'r môr ac weithiau i'r mynydd
A dŵad adre heb gael cerydd.

Y deryn du fu'n rhodio'r gwledydd,
Tydi a ŵyr yr hen a'r newydd;
O, rho wybod pryd y caf i
Ddŵad i'r Dyffryn atat ti...

Roedd dwy gân deryn du yn y *repetoire* ers talwm: 'Y Deryn Du a'i Bluen Sidan' oedd un. Yn hon mae'r deryn du yn cael ei anfon yn llatai 'i holi hynt y ferch rwy'n garu...' 'Plufyn shitan' sydd ganddo yn fersiwn Max Boyce, ac i Gydweli mae o yn ei yrru. Ond mae llawer o fersiynau; i Bwllheli roedd o'n mynd gen i ac at y ferch roeddwn yn ei 'hoffi' am nad oedd 'caru' yn odli.

Y 'Deryn Du Sy'n Rhodio'r Gwledydd' oedd yr ail gân. Yn hon mae gwas ffarm 'sy dan ei gur ers gwell na blwyddyn' yn mynd at y Deryn Du i ofyn am gyngor. Mae'r deryn yn gofyn beth sy'n bod. 'Gweld y merched glân yn pallu,' medd yr hogyn. 'Ni wn ble i droi fy mhen i garu.' A dyna'r deryn yn cynnig tair darpar gariad: gweddw gefnog, merch y tafarnwr a gwniadwraig. Mae o'n gwrthod y rhain i gyd. 'Wel,' medd y deryn amyneddgar:

'Tydi a ŵyr yr hen a'r newydd...'

'A fynni di 'te ferch yr hwsmon
Sydd yn gangen lawen dirion
Yn tyrru'i harian i'r cornelau
A neidio naid am naid i tithau?
A fynni di honno i ti?'

A merch yr hwsmon mae'r hogyn yn ei dewis: 'Tra llong ar fôr, a gro mewn afon, ni fynna'i byth ond merch yr hwsmon!'

'Ti a ŵyr yr hen a'r newydd,' medd yr hogyn wrth y deryn du. Difyr iawn ydi'r chwedl am Eryr Gwernabwy yn ceisio cael gwybod yn ddistaw bach beth ydi oed y Dylluan cyn gofyn iddi ei briodi am na fyddai fiw iddo gymryd rhyw ffliwjan rhy ifanc yn

'Y Deryn Du fu'n rhodio'r gwledydd...'

wraig. Mae o'n mynd yn gyntaf at Eog Llyn Llifon sydd â blwyddyn am 'bob gem ar ei groen', ond fel y mae hi heddiw mae'r eog yn cofio'r Dylluan erioed. Mae o'n mynd wedyn at Garw Rhedynfre, sy'n cofio'r hen dderwen fawr sydd ar ei hyd yn fesen. Ond yn hen ferch fel y mae hi heddiw mae'r carw yn cofio'r dylluan hefyd. Mae'r Eryr yn gofyn wedyn i Dderyn Du Cilgwri. Mae hwnnw'n dangos carreg fechan y gallai dyn ei dal yn hawdd yn ei law. Mae o'n cofio honno yn graig mor anferth ('amryfflau' ydi'r gair difyr yn y llawysgrif) nes byddai deugain o ychain yn methu ei thynnu. Y fo, y deryn du, wrth sychu ei big ar y garreg bob nos sydd wedi treulio'r graig fawr yn ddim... Roedd y deryn du yn cael ei gyfri yn un o Hynaif Byd ac felly yn dderyn gwybodus iawn.

Rhyw fath o farwnad ydi'r gân i Iwan Llwyd. Mae'r geiriau traddodiadol yn taro iddo i'r dim. Roedd Iwan yn gwisgo het ddu â phluen sidan ynddi. Roedd ganddo big aur a thafod arian ar fwy nag un ystyr. Mi fynnodd gael mynd y ffordd a fynnai fel yr adar gwylltion, ac ar ôl rhodio'r gwledydd roedd yn gwybod beth oedd beth. Ond mae'r geiriau newydd yn mynd â'r hen rai ar lwybyr newydd. Mae'n weddol amlwg, siawns, beth ydi ystyr 'y Dyffryn' ac mae sôn lawer gwaith am y 'bŵts o ledar Sbaen' yn y caneuon. Am fy nhraed i mae'r rheini. Pwl o'r hiraeth sy'n pwyso yn drwm ar rywun mewn galar sydd yn niwedd y gân. Nesu at yr erchwyn y bydd hwnnw o dipyn i beth...

12.

Fy Mendith ar y Llwybrau

Ffarwél fo ichi unwaith,
A ffarwél fo ichi ddwy,
Ffarwél fo ichi deirgwaith,
Ddo'i ddim ffordd hyn ddim mwy.
Fy mendith ar y llwybrau
Lle bûm i efo'r glêr
Yn y grug a'r crawcwellt ar fy hyd,
O dan y gawod sêr.

Bûm yn canu'n iach i ddynas
Oedd yn sefyll yn nrws ei chaban blêr,
Yn dweud ei bod hi'n credu
Bod y beirdd yn dod o'r sêr.
Rywle tu draw i'r gorwel
Roedd ei gŵr hi'n plannu pys,
Ac mi welais drwy ffenest gefn y car
Y gwynt yn llenwi'i grys.

Yr hogan ar fy ngwely,
Mae hi'n wastad ac yn wyn,
Fy mendith ar y llwybrau
Sydd yn darfod yn fan hyn;
Dw i ddim yn gorfod codi,
Dw i ddim yn gorfod mynd i ffwrdd,
Dw i ddim yn gorfod sgwennu rhyw bennill bach trist
A'i adael ar y bwrdd.

'Ffarwél fo ichi unwaith...'

Ar ransh Jeanne-Marie

Mae llawer sgìl i gael Wil i'w wely wrth wneud cân heblaw gwneud tiwn a geiriau newydd sbon. Weithiau bydd y diwn yn bod eisoes ac yn gweiddi am eiriau. Felly y gwnaeth Ceiriog 'Dafydd y Garreg Wen' a llawer o ganeuon eraill. Felly y gwnaeth J. Glyn Davies 'Fflat Huw Puw' a'i holl ganeuon morio gwych hefyd, a does neb fymryn callach erbyn hyn nad hen ganeuon llongwyr Cymraeg ydi'r rheini.

Ond weithiau mae'r dôn yn bod eisoes a hen eiriau'n sownd ynddi. Bryd hynny, gan mai 'cerbyd' ydi cainc draddodiadol (neu oedd hi ers talwm) mae gan rywun hawl i hel yr hen eiriau allan a rhoi rhai newydd yn eu lle! Ar dôn 'Ffarwél i Blwy Llangywer', mwy neu lai, y mae hon. Ond yr unig air o'r hen bennill gwerin sy'n aros ydi 'ffarwél'!

Pan oeddwn i ar daith efo Iwan Llwyd yng Nghanada, buom yn aros am dair noson efo awdures glên, sgarfflyd a hipïaidd o dras Ffrengig o'r enw Jeanne-Marie. Roedd hi'n byw ar ryw ransh bach ddigon blêr yr olwg arni (ond crand iawn erbyn hyn) yng nghanol Bryniau'r Eirth yn Saskatchewan, heb fod yn bell iawn o bentre o'r enw Perdue (poblogaeth 313). Aeth hon â ni am dro ar ôl iddi nosi i ryw lecyn cysygredig ar y paith, lle, meddai, y byddai hi'n gorwedd weithiau yn y crawcwellt a'r grug yn noeth o dan y sêr. Uwch ein pennau roedd y 'Glifir', chwedl rhai, sef Goleuni'r Gogledd, yn dreigio, a dywedodd Jeanne-Marie mai enw llwyth y Cree ar bobol debyg i ni oedd 'dawnswyr awyr' a'n bod ni wedi disgyn o'r sêr. Gorwedd yn fud ddaru Iwan a fi. Roedd Jeanne-Marie yn briod, ond ni chawsom ddim o gwmpeini ei gŵr am ei fod o'n bell bell yn plannu pys, meddai Jeanne-Marie, ac yn cysgu allan y nos. Mi wnaeth Iwan Llwyd gerdd i Jeanne-Marie hefyd ('Jean-Marie' yn *O Dan Ddylwanwad*, t. 65): '...yn y pellter / mae tractor ei gŵr / yn torri cwys araf.' Roeddwn i yn amau ei stori, a dweud y gwir. Ond wrth ymadael â'r lle, mi welais grys gwyn dyn yn sychu ar frigau coeden helyg.

Mi wnes i eiriau 'Fy Mendith ar y Llwybrau' cyn gwneud y gân 'Deryn Du' a gosod 'Sŵn ar Gardyn Post' a 'Chomin Abergwesyn'. Ond mae'r rhain i gyd yn deyrngedau i gyfaill. Hwyrach bod yn y gân hon hefyd ychydig o 'daeth i ben deithio byd', ond nid mewn ffordd chwerw chwaith, gobeithio.

13.

Dweud!

Os 'di dy galon di bron â thorri,
　　Deud wrtha' i;
Am fod serch dy fron yn oeri,
　　Deud wrtha' i;
Ac os chwalu mae d'obeithion,
　　Deud wrtha' i;
Mi ddo'i acw i drwsio dy galon,
　　Ond iti ddeud wrtha' i.

Os 'di siom y byd yn dy suro di,
　　Deud wrtha' i;
A gelynion am dy guro di,
　　Deud wrtha' i;
Ac os weithiau y byddi'n llwyddo,
　　Deud wrtha' i;
Mi awn ni i feddwi y funud honno,
　　Ond iti ddweud wrtha' i.

Ar y 12 o Ionawr 1925, yn ei gwt pren ar lan y môr ger Aberdesach, mi sgrifennodd W. S. Jones lythyr at olygydd *Y Cerddor Newydd*. Yn y llythyr roedd cân. 'Canwyd hon gan fy nhad,' meddai, 'sydd heddiw'n bedwar ugain oed....' A dyma hi:

Os yw'th galon bron â thorri,
Paid â deud;
Am fod serch dy fron yn oeri,
Paid â deud;
Ac os chwalu mae d'obeithion,
Paid â deud;

Ni ddaw neb i drwsio'th galon,
Paid â deud.

Pan fo stormydd byd yn gwgu,
Paid â deud;
A gelynion am dy faeddu,
Paid â deud;
Ac os weithiau byddi'n llwyddo,
Paid â deud;
Hawdd i'th lwydd fynd trwy dy ddwylo
Wrth it ddeud.

W. S. Gwynn Williams oedd golygydd *Y Cerddor Newydd* a chyhoeddwyd y gân eto yn *Caneuon Traddodiadol y Cymry*, ond ni fu fawr o ganu arni ym marchnad Abertawe na Freiburg im Breisgau. Hwyrach yn wir fod yr alaw yn draddodiadol – mi fyddai'n gwneud hwiangerdd bach glws – ond go brin bod y geiriau'n perthyn i draddodiad yr Hen Benillion. Y tebyg ydi i ryw flaenor rywdro tua 1860, efallai, pan oedd tad W. S. Jones yn hogyn, wneud y geiriau ar gainc boblogaidd, yr un fath ag y gwnaeth rhywrai eraill efo 'Rwy'n Canu Fel Cana'r Aderyn' a'r 'Gŵr Wrth Ffynnon Jacob', ond eu bod nhw wedi cael gwell hwyl o lawer arni.

Mae ysbryd y geiriau yn annhebyg iawn i gymeriad W. S. Jones, y sawl a anfonodd y gân i'w chyhoeddi yn *Y Cerddor Newydd*. Nid Wil Sam Jones, Rhoslan, oedd hwnnw, ond Walter Sylvanus Jones, sef Gwallter Llyfnwy neu Llyfni (1883-1932), llenor, hanesydd lleol a chanwr. Y fo ydi 'Yr Hen Gantor' yng ngherdd R. Williams Parry; doedd o ddim yn 'ddirwestwr glew' nac yn 'grefyddwr glwys'. Roedd o'n berfformiwr hwyliog mewn eisteddfodau a chafodd golygydd *Y Cerddor Newydd* 'Cyfri'r Geifr' a 'Lladron Plas y Cilgwyn' ganddo.

Ond adeg anfon y gân hon yn 1925, roedd hi'n o ddu ar y

dyn. Roedd o (yr un fath â Walter arall o Gymro, sef fy nhaid i) heb fendio byth ar ôl cael ei nwyo yn ystod y Rhyfel Mawr – er lles ei sgyfaint y cododd o'r cwt pren ar lan y môr. Hefyd roedd o wedi methu'n glir â chael neb i gyhoeddi ei lyfrau, nid am eu bod nhw yn llyfrau sâl, ond am ei bod hi yn dal yn fyd gwan iawn ar gyhoeddwyr wedi'r Rhyfel, a fyntau heb noddwr na chelc ei hun. Ar awr flin yn y cwt pren y trawodd o 'Paid â Deud' ar bapur. Ymhen 7 mlynedd roedd o wedi'i gladdu yn 49 oed.

Bedwar diwrnod wedi i Gwallter anfon y gân, a rhyw bedair mil chwe chant chwe deg o filltiroedd i ffwrdd yn Sugar Land, Texas, mi ddaeth dyn allan drwy byrth yr Imperial State Prison â'i draed yn rhydd *am iddo ddweud*!

Lead Belly, y dyn ddaru ddeud!

Dedfrydwyd y canwr blŵs gwerin Lead Belly (neu Huddie William Ledbetter, 1888–1949) i 32 o flynyddoedd o garchar yn Ionawr 1918 am ladd dyn mewn ffrae ynghylch dynes. Dyn o'r enw Pat Morris Neff oedd Rhaglaw Texas adeg hynny, un o flaen ei oes yn ei agwedd at garchardai a charcharorion, ond un hefyd oedd wedi addo adeg ei ethol na fyddai'r un carcharor yn Nhexas yn cael pardwn byth. Byddai'n ymweld yn aml â'r carchar efo'i wraig a'i blant neu efo gwesteion i gael picnic dydd Sul yn yr ardd ac i glywed Lead Belly yn canu. Pan oedd pen saith mlynedd – yr adeg gynharaf yn ôl y gyfraith y gellid ailystyried dedfryd carcharor – yn nesáu, mi gyfansoddodd Lead Belly gân newydd grefyddol ei naws a llawn edifeirwch o dan y teitl cynnil 'Please Pardon Me' a'i chanu hi nerth ei ben bob tro y byddai Neff yn ymweld:

If I had you, Governor Neff,
Like you got me,
I'd wake up in the mornin'
And I'd set you free...

Ac *am iddo ddweud*, drosodd a thro, mi gafodd ei bardwn.

'Paid â deud', wir! Y gwrthwyneb y dyddiau hyn ydi cyngor y meddygon 'llesiant'. Mae hyd yn oed cwmni crips Walkers yn dweud wrthym am rannu ein gofidiau: 'It helps, because it feels good to share – just not your crisps...' A dyna benderfynu troi'r gân ar ei phen a chyhoeddi bod Bob Delyn wedi ei 'hanfethodisteiddio' hi. Ychydig wedi hynny, mi dynnwyd sylw at y gair hwnnw yn y papur bro gan y Parchedig Pryderi Llwyd. 'Rŵan,' meddai, 'tydw i ddim am amddiffyn gwendidau ein hanghydffurfiaeth Gymraeg na chanmol ei chyfoeth chwaith, ond, chwarae teg, rhaid achub cam. 'Dweud' yw teitl fersiwn hyfryd Bob Delyn o 'Paid â Deud' ('Os yw'th galon bron â thorri, paid â deud...) ond dyma'r fersiwn newydd: 'Os 'di dy galon di bron â thorri, deud wrtha' i.' Mae'r 'anfethodisteiddio' oherwydd fod y gwreiddiol, efallai, yn dangos rhyw led-barchusrwydd pietistaidd, syber a stoïcaidd. Ond nid 'methodistiaeth' ydi hynny ond agwedd grefyddlyd yr holl enwadau yn oes Fictoria yn eu delwedd gyhoeddus... Mewn gwirionedd, y Methodistiaid drwy'r seiat oedd yr union rai a welodd mor bwysig oedd *dweud* trwy rannu profiadau, gwrando a chynnal breichiau ei gilydd...' A rhaid imi ddweud fy mod i'n cytuno'n llwyr â sylwadau'r Parchedig Pryderi Llwyd ac yn difaru yn arw imi arfer y gair 'anfethodisteiddio'. Efallai y byddai 'anghalfineiddio', neu 'dadgalfineiddio', yn gywirach.

Ac efallai y dylwn i ddweud hefyd i Lead Belly gael ei garcharu am yr eildro ym 1930 am drywanu dyn â cyllell eto ac am y trydydd tro ym 1939 am yr un drosedd eto byth!

14.

Y *Gôg Lwydlas*

Wel, mi glywn y gôg lwydlas yn canu mor fwyn
Yn ochor bryn uchel ar gangen o lwyn.

Mor braf yw bod yma a'r coedydd yn las
A'r awel yn dyner wedi gwyntoedd mor gas.

O, y gwcw fach lwydlas, lle buost ti cyd
Mor hir heb ddychwelyd? Ti fuost yn fud.

O, paid â chamsyniad, a meddwl mor ffôl,
Yr oerwynt o'r Gogledd a'm daliodd i'n ôl.

Wel, bydd llawer merch ifanc yn isel ei phen,
Cyn y doi di yma eto i ganu ar bren.

O, ffarwél ichwi 'leni, ffarwél ichwi oll,
Cyn y delwyf yma eto bydd miloedd ar goll.

Ar fore teg o Fai ym mil saith naw wyth ar ffarm Ton Coch yng
Nghwm Pennar ym Morgannwg, mi glywodd Edward Ifan y gôg
yn canu. Roedd o'n ddwy a phedwar ugain oed, ac mi fyddai yn
ei fedd ymhen rhyw bythefnos. (Â tho bach y byddaf i yn
sgrifennu 'y gôg', gyda llaw, er mwyn gwahanaethu rhwng y
deryn a'r dyn.) Roedd Edward yn ei ieuenctid ffôl wedi bod yn
canu'r delyn mewn taplas a neithior a noson lawen, ac yn sgut
am driban hefyd. Ond tua'r ugain oed, am fod arno 'ofn
ymlithro i gorsydd lleidiog meddwdod', mi roes heibio bethau
ysgafn felly. Emynau ac englynion sobor iawn wnaeth o wedyn
ar hyd ei oes.

Y gôg, Viktor Yukhimchuk

Ond y bore hwnnw, wrth glywed y gôg, mi ganodd ddau bennill eto ar hen fesur ysgafala ei febyd. Dyma ichi'r cyntaf:

> Mae llais y gôg yn canu
> Trwy'r goedwig fawr o ddeutu
> Yn rhoddi inni bromis braf
> Fod 'nawr yr haf yn nesu.

Roedd hwn yn bennill cwbwl draddodiadol; deryn gobaith, llatai'r haf, ydi'r gôg yn yr Hen Benillion:

> Croeso'r gwanwyn tawel cynnar,
> Croeso'r gôg a'i llawen lafar;
> Croeso'r tes i rodio'r gweunydd,
> A gair llon, ac awr llawenydd. (**HB**: 288)

Ond nid felly yn yr hen ganu Cymraeg! Ryw naw can mlynedd cyn i Edward Ifan gyfarch y gôg ym Morgannwg, mi ganodd bardd anhysbys am hen ŵr claf yn ei chlywed hi yn Aber Cuog, yn ardal Machynlleth:

> Yn Aber Cuog yd ganant gogau
> Ar gangau blodeuog;
> Gwae glaf a'u clyw yn fodog.

Yn Aber Cuog mae'r cogau'n canu ar gangau blodeuog: gwae'r claf sy'n eu clywed o hyd...

> Yn Aber Cuawg, cogau a ganant,
> Ys adfant gan fy mryd:
> A'i ciglau nas clyw hefyd.

Yn Aber Cuog, mae'r cogau'n canu. Mae'n ofid gen i feddwl na chaiff y sawl a'u clywodd eu clywed eto.

Ac felly bob tro yn yr Hengerdd pan fydd y gôg yn canu: hiraeth a gofid a galar ar ôl rhai sydd wedi marw. Mae cerdd enwog arall yn Llyfr Du Caerfyrddin am 'gyntefin, ceinaf amser' neu 'ddechrau'r haf, y tymor harddaf'. Yn honno mae'r englyn hwn am y gôg:

> Ban ganont cogau ar flaen gwŷdd gwiw
> Handid mwy fy llawfrydedd,
> Tost mwg, amlwg anhunedd,
> Can eithynt fy ngheraint yn adwedd...

Pan gano'r cogau ym mrig y coed hardd, dyna fy nhristwch i yn mynd yn fwy; poenus yw'r mwg, amlwg yw diffyg cwsg, am fod fy nghyfeillion wedi mynd...

Pam hynny? 'Mae'r ateb yn syml iawn,' meddai Ifor Williams, yr ysgolhaig mawr, 'ond mae arnaf gywilydd dweud iddi gymryd blynyddoedd imi ei ddarganfod! Y rheswm ydi bod y gôg yn canu mewn Hen Gymraeg! Y gair am 'ble?' mewn Hen Gymraeg oedd 'cw?' Mae pobol ym mhob man yn clywed cân y gôg fel 'cw-cw', ac felly'r oedd hi pan glywodd Claf Aber Cuog hi, neu awdur y gerdd yn Llyfr Du Caerfyrddin. Ond mi roes y dynion hyn ystyr iddi. Roedd y cwestiwn undonog parhaus 'Cw? Cw?' – ''Ble? B'le?' – yn atsain yn eu clustiau, ac yn tristáu eu calonnau. "Am fod fy nghyfeillion wedi mynd", chwedl un...' Tueddu i ryw gilwenu mae'r ysgolheigion erbyn hyn wrth glywed y ddamcaniaeth ddifyr yma. Ond yn 'Rubaiat' Omar Khayyâm, y bardd Persieg, 'cw-cw' mae'r golomen hithau yn ei ganu hefyd, gan godi hiraeth am ogoniant mawr a aeth heibio:

> Y palas draw a'i dyrau yn y nen,
> Lle plygai pob un brenin gynt ei ben,
> Fe fûm yn cerdded gynnau wrth ei wal,
> A 'cw-cw, cw-cw' meddai c'lomen wen ...

'Ble' ydi ystyr 'cw' yn yr iaith Bersieg hefyd. (John Morris-Jones piau'r trosiad).

Roedd y gair wedi hen ddiflannu o'r Gymraeg erbyn cyfnod yr Hen Benillion, a 'llawen lafar' gan amlaf fydd cân y gôg. Mi fyddwn ni'n dweud, on' byddwn, bod rhywun yn 'llawen fel y gôg'? Ac eto, ni ddiflannodd y nodyn trist yn gyfan gwbwl, chwaith. Mae hi fel petai 'cw' gyntaf cân y gôg yn olau, a'r ail yn dywyll. Dyma ichi'r ail driban a wnaeth Edward Ifan, Ton Coch y bore hwnnw o Fai:

> Bydd llawer llencyn smala
> Sy 'nawr yn iach mewn tyrfa
> Yn ei feddrod wrtho'i hun
> Cyn cano'r flwyddyn nesa'.

Roedd Edward ei hun yn un o'r rheini.

Yn ogystal â dod â gobaith am yr haf a chodi hiraeth yr un pryd, roedd y gôg hefyd yn peri dryswch mawr ers talwm. 'Doedd neb yn deall i ble goblyn roedd hi'n mynd ar ôl iddi dewi ar hanner mis Mehefin. A hwyrach bod peth o'r dirgelwch hwnnw yn y busnes 'cw-cw' neu 'Ble? Ble?' hefyd.

> Gwyn fy myd na fedrwn hedeg
> Bryn a phant a goriwaered;
> Mynnwn wybod er eu gwaethaf
> Lle mae'r gôg yn cysgu'r gaeaf. (**HB**: 296 [i])

Un eglurhad gan y werin bobol am pam roedd y gôg yn tewi a mynd yn fud oedd ei bod hi mwyaf sydyn yn disgyn yn glewt ar lawr, yn union fel petasai hi wedi marw:

> Yn yr eithin mae hi'n nythu,
> Dan y coed y mae hi'n cysgu
> Yn y llwyn tan ddail y bedw,
> Dyna'r fan y bydd hi farw. (**HB**: 296 [ii])

Ac roedd y deryn ei hun yn methu deall beth oedd yn digwydd iddo:

> 'Mi fuom i'n rhywle, nis gwn i amcan ymhle,
> Yn gorwedd yn farwaidd, yn gaeth iawn fy lle,
> Yn llechu ac yn cysgu mewn lloches dros dro,
> Ac yn awr cefais gennad i roi tro yn eich bro...'

Mae ambell bennill, mae'n wir, nad ydi o'n perthyn dim i'r un o'r traddodiadau hyn:

> Cwcw, cwcw, meddai'r gôg;
> Ynghrog bo pob aderyn!
> Maen nhw'n tiwnio wrth y cant
> Yng nghlogwyn Pant-yr-Odyn. (**HB**: 295)

CERDD
Y
GOG LWYDLAS.

Rhodio yr oeddwn a'm calon yn brudd,
Ar ddydd Llun y bore ar doriad y dydd
Mi glywn y Gog lwydlas yn tiwnio mor rwyn,
Ar ochr bryn uchel, ar gangen o lwyn.

Pan glywais ei hadlais yn tiwnio mor fwyn
Ar ochr bryn uchel ar frigau'r tew lwyn,
Gan ofyn iddi gwestiwn, yn ddifri ddiwad
P'le buost ti'r gywen mor hir o dy wlad?

Mi fuom yn rhywle, nis gwn i amcan yn mh'le
Yn gorwedd yn farwaidd yn gaeth iawn fy lle
Yn llechu ac yn cysgu mewn lloches dros dre,
Ac yn awr cefais genad i roi tro yn eichbro.

Baled y gôg gan Daniel Sgubor

Ond dyn â chur mawr yn ei ben yn y bore a ganodd hwn, beryg! A beth yw'r ots gan ddyn â chur mawr yn ei ben am draddodiad?

Mi fu llawer iawn o ganu ar 'Y Gôg Lwydlas' neu 'Ymddiddan y Bardd a'r Gwcw' drwy Gymru. Daniel Jones, Daniel Sgubor, dyn lladd tyrchod daear a gwneud baledi o Gastell Hywel yn Sir Gâr, piau'r geiriau gwreiddiol. Mi fu hwnnw farw ym 1859 ond mi aeth y gân o lofft stabal i lofft stabal ac o ffair i ffair gan neidio ar gefn mwy nag un gainc, nes cyrraedd Pen Llŷn. (Diddorol iawn ydi bod yr hen gân Saesneg 'The cuckoo is a pretty bird; she sings as she flies' ar yr un mesur yn union hefyd.) Ac mi fu ambell was ffarm yn ôl yr arfer mor hy â newid neu ychwanegu pennill er mwyn gwneud y gân yn fwy perthnasol iddo fo a'i gynulleidfa. Mae hynny yn ffenomenon gyffredin iawn ac mae hi'n debyg i iaith yn chwalu'n dafodieithoedd.

Roedd Gorwel a minnau yn arfer bysgio'r gân ar dôn *waltz* a godwyd gan olygydd cylchgrawn Cymdeithas Alawon Gwerin Cymru (1911) o ganu Mrs A. Jones o Gricieth, ac roeddwn i'n chwarae deunod y gôg rhwng y penillion. Roedd Merêd yn ei chanu hi; mae Siân James yn ei chanu hefyd; mae Julie Murphey yn ei chanu ar dôn arall efo Fernhill; mae Owen Sheers yn ei chanu hi ar dôn arall eto efo Cynefin. Y diwn y byddaf i'n gwneud efo hi heddiw ydi honno oedd gan Wil Glasdon, sef William Jones y go' o Aberdaron, yn canu ym 1964 ar gyfer archif sain Amgueddfa Sain Ffagan. Go' go ddireidus oedd hwn, mae'n debyg. Ar ôl imi ganu'r gân gerbron aelodau o'r Gymdeithas Alawon Gwerin dro'n ôl, a sôn chydig am ei chefndir, daeth un oedd yn cofio'r dyn, sef Morfudd Sinclair, ataf i. 'Roedd Mam a Dad yn dweud wrtha'i am beidio â choelio'r un gair roedd Wil yn ei ddweud,' meddai

Wil Glasdon y Gof

74

Gwyneth Glyn, y Blwch Gwenyn a Twm

Morfudd. 'Mi fuo llifogydd mawr un gaeaf yn Aberdaron. 'Was the flooding bad, William Jones?' meddai rhyw Saeson. 'Bad?' meddai Wil, 'The anvil was floating on the sea...'

Os oes coel ar ei air ei hun, hanner cant ac wyth oed oedd Wil Glasdon yn canu'r 'Gôg Lwydlas' i'r dyn o Sain Ffagan, 'fengach na fi. Ond mae o'n swnio fel ei daid! A gan ei daid, John Jones, y dysgodd o'r gân. I gyfeiliant fy mlwch gwenyn* a Gwyneth Glyn fel y gôg y byddaf i'n ei chanu, a bydd y gynulleidfa o dan deimlad weithiau cyn inni orffen. Wedi magu arwyddocâd newydd mae'r gân, efallai, yn sgil y colledion ofnadwy fu yn y blynyddoedd diwethaf. Neu yn hytrach wedi ennill hen arwyddocâd yn ôl.

---

*shruti neu harmoniwm bychan bach o India. *Shruti* honci-tonc sy gen i, meddai Gwilym Bowen Rhys!

15.

Tair Carol

'Dolig Del

Nos da, nos dywyll, blantos, wfft i'r bwci bo,
Angyles bach y 'Dolig sy'n eistedd ar ben to;
Mae'r mynydd mawr sgwarnoglyd mor ddistaw dan y sêr,
A draw'n yr allt a rhew'n ei wallt hel pricia' mae'r hen wêr.

Genod swil sy'n gwneud eu sỳms cyn mynd i chwara' mig,
Del 'di'r goeden 'Dolig a ffêri ar ei phig;
Hogia' drwg a charidýms fu'n rhegi yn yr ha',
Chewch chi ddim pwdin 'Dolig nes dewch chi'n blantos da.

Mae fala' a chnau mewn sacha' yn y tyddyn bach a'r plas
A chlustog ar yr aelwyd rhag i Siôn gael codwm cas;
Mae'r plantos da yn cysgu, mae Tedi'n wên i gyd,
Ac mae Mam a Chapten Morgan lawr grisia' ar eu hyd.

Genod swil sy'n gwneud eu sỳms cyn mynd chwara' mig...

Hen Ddoethion yn y fagddu yn rhynnu ar y rhos,
Maen nhw'n chwilio am y stabal, maen nhw'n baglu yn y ffos;
Mae angyles bach y 'Dolig yn tapio'i throed yn flin;
Mae Santa Clôs yn hwyr, mae 'na eira dan ei thin.

Genod swil sy'n gwneud eu sỳms cyn mynd chwara' mig...

Y ni 'di gweision Santa, bant â ni mewn lori lo,
Mae'r corrach ar y cwrw ac mae'r ceirw i gyd o'u co,
Blant da, mi gewch chi ddiawl o stîd a'ch cau i gyd mewn cell;
'Dan ni wedi laru 'stalwm ar ddod ar daith mor bell.

Krampus (hen gerdyn post)

O, genod swil sy'n gwneud eu sỳms cyn mynd i chwara' pêl,
   Mi rostiwn 'rheini yn eu crwyn a'u bwyta efo mêl,
    Ond hogia' drwg a charidỳms fu'n honco yn yr ha',
   Ceith 'rheini rým a thanjarîns am fod yn rafins da.

Mae Santa'n lỳsh yn ganol oed, mae o'n dew a hyll a hen,
   'Di o ddim yn canu carol 'cos mae o wedi piclo'i frên,
    'Di o'm yn cofio'r ffordd yn ôl i wlad y gân
   Ac mae cyfeiriadau'r plant bach da yn llosgi yn y tân.

O, genod swil sy'n gwneud eu sỳms cyn mynd i chwara pêl...

A gyda hyn daw'r gwdihŵ, yr ellyll a'r Bol-lol
I dynnu clustia' Tedi ac i ddawnsio ar ei fol,
A fydd dim sôn am Santa 'cos bydd Santa wedi marw;
Bydd y ffêri a'r angyles bach a'r corrach ar gefn carw.

O, genod swil sy'n gwneud eu sỳms cyn mynd i chwara pêl...

Ar fore dydd Nadolig 1977, yn y tŷ hwnnw yn ochor bryn uchel yn y Mynydd Du, a'r Mynydd Du yn glaer wyn gan eira yr un fath â phob Nadolig, mi glywais hen gloch yn canu, ac yn syth ar ei hôl, llais tebyg i lais yr Esgob Morgan ei hun yn adrodd yr hen eiriau gogoneddus 'Ac yr oedd yn y wlad honno fugeiliaid yn aros yn y maes ac yn gwylied eu praidd liw nos...' (Luc 2; viii). Ac ar ôl hwnnw wedyn, sŵn hen ddynion yn canu. Cloch eglwys Mallwyd oedd y gloch, a'r Parchedig D. Mason oedd yn llefaru, ar y record SAIN 'Carolau Plygain'. Bu'r record yn troi bob Nadolig wedi hynny, a lleisiau hen fechgyn Gwlad y Mwynder a geiriau hudolus eu hen garolau i mi ydi sŵn y gwir Nadolig byth.

Anodd iawn ydi cyfansoddi carol newydd! Mae rhywun yn cystadlu bob blwyddyn ag 'Ar Gyfer Heddiw'r Bore' gan David Hughes o Fryneglwys ac 'I'm Dreaming of a White Christmas' gan Irving Berlin o Efrog Newydd. Ers talwm roedd hi'n arfer gan y plwyfolion dalu i'r bardd lleol gyfansoddi carol newydd bob blwyddyn i'w chanu ar ryw gainc boblogaidd. Roedd Siôn Ebrill o Lanbedr ym Meirionnydd yn un da am eu gwneud nhw. Y fo piau'r garol adnabyddus 'Roedd yn y wlad honno fugeiliaid yn gwylio eu praidd rhag eu llarpio'n un lle...' Ond mae ganddo un arall na chlywais i erioed neb yn ei chanu ond a fyddai'n mynd yn siort orau ar alaw 'Rhyfeddod ar Foreuddydd' (sef 'Cwplws Dau'). Yn honno mae'r pennill bach hoffus hwn:

Daeth Duw yn ddyn tan oed
Heb gerdded ond wrth goed

'Lleisiau hen fechgyn Gwlad y Mwynder...'

Na medru'n fwynedd gyfri ei fysedd –
Gwirionedd gore 'rioed!

Beth, meddach chi, ydi arwyddocâd 'heb gerdded ond wrth goed'? Ai plentyn bach yn dechrau gollwng ac yn gafael mewn cadair a choes bwrdd a mainc yng ngweithdy ei dad? Heb daro ar ryw ddelwedd drawiadol fel yna, mae hi'n anodd canu yn

Nadoligaidd heb ailadrodd yr hen hen hen ystrydebau i gyd: mae 'Mair' yn odli â 'gwair' bob blwyddyn, a 'seren wen' â 'nen'.

Un ffordd o fynd ati ydi troi'r ystrydebau i gyd ar eu pennau. Yn chwedloniaeth alpau Awstria a'r Almaen mae cythraul o'r enw Krampus â chyrn am ei ben a thafod hir, coch fydd yn hel tai adeg y Nadolig efo Sant Nicolas, sef Santa Clôs. Mae Santa yn gwobrwyo'r plantos da. Mae Krampus yn chwipio'r rhai drwg â gwialen fedw ac yn hel y rhai drwg iawn i fasged ar ei gefn i fynd â nhw i ffwrdd. Ar hen gardiau Nadolig mi fydd yn dod weithiau fel dynes â chyrn am ei phen i gosbi dynion drwg yn eu hoed a'u hamser â'i gwialen fedw!

Mae 'Dolig Del' yn cychwyn yn ddigon swynol. Mae'r 'hen wêr' yn yr eira yn dwyn i gof yr hen ŵr welodd y Brenin Wenseslas yn 'gathering winter fu-u-el'. (Ystyr 'hen wêr' i ni ar daith ers talwm oedd un hen foi yn codi'i law wrth drin shetin yn hytrach na'r 'hen werin bobol' i gyd.) Erbyn diwedd yr ail bennill mae pethau'n dechrau troi. Erbyn diwedd y trydydd mae Krampus o'r cwd! Rydw i'n cofio bod y drymar Hefin Huws yn gyndyn iawn o chwarae 'Dolig Del' am ei fod yn poeni am y plantos yn torri eu calonnau bach wrth glywed bod 'Santa wedi marw'. A rydw innau o'r un feddwl erbyn hyn.

Nadolig Llawen Gwyn

Rwy'n rhy hen i gyboli â'r stabal a'r crud,
Does dim eira'n y bore, mae'r gwartheg yn fud,
A chlywa'i'r un angel na diawl o ddim byd
Yn y drws.

Ond gynnau yng nghanol y gorchwyl bach trist
O addurno'r hen dŷ erbyn blwydd Iesu Grist,
Cefais hyd i seren ar waelod y gist,
Ac mae'n glws.

Hogyn bach 'gwnaeth hi yn ysgol y Llan
Pan oedd ceirw ac angylion ac eira 'mhob man,
Ac wedi'r blynyddoedd mae'i golau hi'n wan
Dan y baw.

Ond wrth gydio'n y seren a'i chodi hi fry
O, mi glywa'i'r Nadolig yn nrws yr hen dŷ
Ac mae'r hen ŵr digalon a'r hogyn bach hy
Law yn llaw.

Nadolig Llawen, Gwyn!

Ffordd well o fynd ati i wneud carol newydd ydi adrodd rhyw stori nad oes wnelo hi ddim yn iawn â'r hanes yn yr Ysgrythur, ond sydd â'r Nadolig yn gefndir iddi. Mi gefais bàs gan Gwyn Erfyl unwaith i wasanaeth Plygain Llanfihangel-yng-Ngwynfa. Bu'n sôn llawer ar y daith am Nadolig syml ei blentyndod ar ffarm Aberdeunant yn ymyl Llanerfyl uwchben y ffordd i Gwm Nant yr Eira. Mi soniodd am weld y teuluoedd yn dod o'r ffermydd ar ganiad y gloch ar fore dydd Nadolig ac yn cerdded yn y tywyllwch mawr i lawr llwybrau'r mynydd am Lanerfyl â lamp i oleuo'r ffordd, fel petai sêr yn llithro i lawr y llethrau. A'r eglwys wedyn yn wyn gan oleuni canhwyllau nes peri i hogyn bach golli'i wynt. Roedd arno hiraeth mawr yn hen ŵr am y goleuni a'r symlrwydd, y rhyfeddod ar foreuddydd, fel y bydd llawer ohonom yn breuddwydio am Nadolig gwyn yr un fath yn union â'r rhai roeddem yn eu nabod gynt. Mi wnes i'r penillion hyn wedyn a'u cyflwyno i Gwyn.

Cân Mair

Sut gall hyn fod? Angel yn dod
At hogan ddi-nod 'fath â fi!
Angel yn dod i ganu fy nghlod!
Sut gall hyn fod, meddach chi?

Yr Hwn sydd â ffawd rhwng bys a bawd
Yn dewis merch dlawd a di-glem
I roi yn Ei grud Frenin y Byd
Mewn stabal bach byglyd ym Methlehem!

Eicon o'r Forwyn Fair a'r Baban Iesu,
Wcráin

Dyma gynnig ar wneud carol go iawn. Rydw i wedi ychwanegu ambell bennill am y Doethion a'r bugeiliaid o dro i dro er mwyn iddi bara chydig mewn gwasanaeth Nadolig, ond fel hyn mae hi i fod, yn debyg i un o'r hen eiconau gloyw o'r Forwyn Fair a'i Mab heb yr un brenin na bugail na gŵr ar eu cyfyl. Achos cyfeirio mae'r gân, a dweud y gwir, at achlysur y byddai'r hen Gymry yn ei ddathlu fisoedd cyn y Nadolig, ar Ŵyl Fair Hanner Gwanwyn: 'Ac anfonwyd yr angel Gabriel i ddinas yng Ngalilea a'i henw Nasareth, at forwyn wedi ei dyweddïo i ŵr a'i enw Joseff; ac enw y forwyn oedd Mair. A'r angel a ddaeth i mewn ati, ac a ddywedodd, Henffych well, yr hon a gefaist ras; yr Arglwydd sydd gyda thi: bendigaid wyt ymhlith gwragedd. A hithau, pan y'i gwelodd, a gythryblwyd wrth ei ymadrodd ef; a meddylio a wnaeth pa fath gyfarch oedd hwn. A dywedodd yr angel wrthi, Nac ofna, Mair: canys ti a gefaist ffafr gyda Duw. Ac wele, ti a gei feichiogi yn dy groth, ac a esgori ar fab, ac a elwi ei enw ef IESU. Hwn fydd mawr, ac a elwir yn Fab y Goruchaf. A Mair a ddywedodd wrth yr angel, Sut gebyst y bydd hyn, gan nad adwaen i ŵr? (Luc 1; xxvi).' Gweld ymadrodd cythryblus yr angel wedi dod yn wir mae Mair yn y gân.

'Di-olud' oedd y stabal gen i i ddechrau. Ond go brin y byddai Mair yn dweud y gair. Mae 'pyglyd' yn air llafar digon byw i ddisgrifio rhywbeth wedi mynd yn fudur a di-sglein. Mae galw man geni Mab y Goruchaf yn byglyd yn dilyn traddodiad y 'gwael feudy' a'r 'preseb lle pawr ych' yn y carolau Plygain.

16.

Y *Mab Penfelyn*

Be' weli'r Mab Penfelyn
Sy'n caru blodau'r dyffryn?
Be' sydd ffordd hyn, beth sydd ffordd draw?
Mae'r cwmwl glaw ar gychwyn.

Mi wela'i ben Blaen Garw
Mi wela'i Waun Croes Erw,
Ac mi wela'i'r ferch sy'n hala chwant,
Mi wela'i Nant y Bedw.

Be' wnei di â Phen Blaen Garw?
Be' wnei di â Gwaun Croes Erw?
Be' wnei di â'r ferch sy'n hala chwant?
Be' wnei di â Nant y Bedw?

Caf lo ar Ben blaen garw,
Caf ddŵr ar Waun Croes Erw
Ac mi a'i â'r ferch sy'n hala chwant
Am dro i Nant y Bedw.

Yn ystod haf 1953, pan oedd o'n 38 oed, mi ddaeth Frank Sinatra
ar daith i Brydain. Ddaeth o ddim i Gymru (mwy na'r Pab yn
2010), ond bu'n aros am wythnos yn y Grand Hotel ym Mryste.
Ac un bore tra oedd o yno, mi gurodd dyn ar ddrws tŷ ffarm yn
Nhwyn yr Odyn, ryw hanner awr o waith hedfan gwylan i
ffwrdd yr ochr arall i afon Hafren. Amgueddfa Sain Ffagan oedd
wedi anfon y dyn i gael sgwrs efo hen ŵr o'r enw Robert
Thomas oedd, yn ôl y sôn, yn cofio hen gân werin ddifyr, ac
yn wir, mi oedd o! Dyma'r gân a ganodd Mr Thomas i'r dyn,

'Be' weli'r mab penfelyn?'

hanner awr i ffwrdd (fel yr hed yr wylan) o ble'r oedd Frankie
ar y pryd:

> Mi geso i 'ngwædd i swpar
> Gan ŵr bonheddig hawddgar,
> A chal neitir wedi'i llædd
> A phetar gwædd a wiwar. Mahŵ!

> Mi geso i 'ngwædd i gino
> A chal pinslons wedi'u stiwio,
> A bara haidd fel rhisgil côd;
> Ni cheso i 'riôd well croeso. Mahŵ!

Tri pheth sy'n ddæ gan grotyn
Yw gwraig y tŷ yn wherthin,
Y crochon bæch yn berwi'n ffrwd
A llond y cwd o bwdin. Mahŵ!

Mi recordiwyd y gân yn ddiweddarach, a gallwch glywed Mr Thomas, 88 oed, o Dwyn yr Odyn yn canu 'Mi geso i 'ngwædd i swpar...' ar y we. Roedd o wedi ei dysgu hi yn grwt wrth gerdded efo'r dynion gyrru gwedd ar ffarm gyfagos ym mhlwy Sain Niclas ar gyrion Caerdydd. Beth, meddach chi, oedd arwyddocâd y gair bach rhyfedd 'mahŵ' ar ôl pob pennill? Wel, rhyw air tebyg i 'trwe, trwe' oedd hwnnw i alw neu i yrru gwartheg, ac yn fwy penodol, ychain. Achos ym Mro Morgannwg adeg hynny roedden nhw'n dal i aredig â gwedd o ychain. Y drefn oedd bod dyn yn gafael yng nghyrn yr arad ac yn cerdded y tu ôl i'r wedd, a dyn arall – y cathreiwr – yn cerdded wysg ei gefn o flaen yr ychain ac yn *canu iddyn nhw!* Roedd y lloeau'n cael eu magu yn sŵn penillion, ac os nad oeddech chi'n medru canu doedd waeth ichi heb â mynd i gyflogi i ffair pentymor ym Morgannwg adeg hynny. Roedd ychain cathreiwr o'r enw Twm Ropert yn hoff iawn o un gân yn arbennig, 'wrth sŵn yr hon yr agorent eu geneuau gan estyn eu tafodau allan a chodi eu llygaid mewn dull hynod...' Weithiau byddai dwy 'atgor' neu wedd yn aredig yr un pryd ar un o gaeau mawr y Fro ac yn dod o fewn clyw i'w gilydd, a dyna hi'n mynd yn ymryson canu wedyn. Ac ar b'nawn braf o Fedi mi fyddai rhesi o *landaus* hyd y cloddiau a'u llond nhw yn gwrando o ymwelwyr wedi eu cyfareddu.

'Cathreiwr' rydw i wedi galw'r dyn oedd yn canu i'r ych. Mae faint fynnoch chi o ffurfiau eraill ar y gair: 'cethreinwr'; 'cathrowr'; 'cythreor'. Ond o'r ferf 'cethru' maen nhw i gyd yn dod, a honno o'r gair 'cethr' sy'n golygu 'pigyn' neu 'swmbwl'.

Byddai sôn ers talwm am 'gethri'r gydwybod'; 'dwysbigiadau'r gydwybod' oedd y rheini. Mae hyn wrth gwrs yn awgrymu mai procio'r ych efo gwialen oedd gwaith y dyn i ddechrau. Pa bryd, sgwn i, y sylweddolwyd bod canu caneuon iddo yn well ffordd? Rywdro cyn 1806 (pan fu ffrae fawr rhyngddyn nhw) mi gododd Iolo Morganwg un o'r caneuon aredig yn y caeau a'i hanfon at ei gyfaill, y geiriadurwr ynfyd William Owen Pughe: 'Here is one that I picked out of the mouth of a ploughboy a few days ago,' meddai.

'Mi gwyd yr haul er machlud heno,
Mi gwyd y lloer yn ddisglair eto,
Mi gwyd y blodau o'r ddaear dirion,
O-o, pa bryd y cwyd fy nghalon?

Dere, 'machgen i, dere, dere, dere, dere, O...'

Gwell o lawer na phric yn y pen-ôl!

Pan soniais i am y pethau hyn o flaen cynulleidfa adeg yr Eisteddfod, roedd rhai (Ifan Bryn Du yn un) yn amau fy mod i'n rhamantu, a rhaid dweud na wn i am fawr ddim sy'n fwy rhamantus yn hanes ein gwlad ramantus ni! Ond mi glywais i am Sais wedi dod yn was ffarm i Gwm Prysor yn ystod yr Ail Ryfel Byd ac wedi ei siarsio i fynd â'r tarw at yr afon i yfed. Mi ddaeth yn ei ôl gan ddweud bod y tarw yn cau yfed. 'Wnest ti *ganu* iddo fo?' meddai'r ffarmwr. Ac mi genais un o'r hen ganeuon aredig i gynulleidfa yn Kerala yn India, lle maen nhw'n dal i aredig ag ychain. Dywedwyd wrthyf ei bod yn arfer ganddyn nhwythau ganu iddyn nhw, ond bod y Comiwnyddion wedi gwahardd hynny. Pam? Achos pan fydden nhw'n canu, byddai'r ychain yn tynnu yn rhy dda a'r gwaith yn cael ei wneud yn rhy gyflym o'r hanner, ac felly y dôi diweithdra!

Ta waeth! Frankie a Robert Thomas yn canu am yr afon â'i gilydd ym 1953, y naill â llais y diwylliant newydd sgleiniog fyddai'n goresgyn pawb yn y man, a'r llall â llais roedd Gerallt Gymro yn gyfarwydd â fo wyth ganrif ynghynt! Mae rhywun yn dechrau gweld amser yn wahanol wrth ddechrau mynd yn hen...

Rŵan, ar fesur y triban mae cân Robert Thomas, fel y rhan fwyaf o benillion o'r fath o Forgannwg. Roedd 'na ganu ar y mesur mewn ardaloedd eraill – roedd Robert ap Gwilym Ddu, er enghraifft, yn hoff o wneud tribannau bach smala i'r gweision a'r morynion ar ffarm Betws Fawr yn Eifionydd:

> Beti bwt o'r Betws,
> Rhy dwt i dynnu tatws;
> A dweud y gwir amdani'n iawn,
> Ni heil mo'r mawn na'r mwnws.

Ond roedd y tribannu mor gry ym Morgannwg nes bod rhaid ei gyfri yn dafodiaith arbennig o'r Henbenilleg, fel petai. A bu'n ffynnu hyd yn oed yn y cymoedd diwydiannol fel y bydd blodau yn codi drwy dar-mac (**TM**: 74; 139; 142). Roedd hi'n arfer ar b'nawn Sul braf gan drigolion y cymoedd ddringo o'r mwg a'r baw i ryw le uchel i awelu eu pennau ac edrych draw dros y wlad. O hyn mi gododd dull newydd o ganu holi ac ateb. Un yn holi be' weli di? Ac un arall yn ateb ag enw pentre neu ffarm neu berson weithiau. Cân felly ydi 'Y Mab Penfelyn'. Gall 'mab' olygu 'crwt', 'bachgen', wrth gwrs, ond gwell gen i ddeall mai tad a mab sydd yn llefaru. Ac rydw i'n credu fy mod i'n gwybod lle'r oedd y lle uchel lle bu'r ddau yn eistedd ac yn edrych draw: Mynydd Caerau, ryw dair neu bedair milltir i'r gogledd o Faesteg – cerwch i brynu map go fawr a dyrwch o ar led ar lawr! O ben Mynydd Caerau, gellir gweld y tri lle sy'n cael eu henwi yn y gân. Efallai mai o bentre glo Blaengwynfi yr aeth y ddau i fyny, ac efallai mai merch ffarm y Gelli islaw, lle mae Nant y

Bedw yn llamu i afon Afan, oedd y ferch oedd yn hala chwant.

Ym mhwll Blaen Garw, gyda llaw, y gwnaeth Gwyrosydd (Daniel James) y gân 'Calon Lân'...

17.

Ffair y Bala

Pan o'n i'n mynd i ffair y Bala,
A chrys o sidan coch amdana'
A bwtsias mawr o ledar Sbaen
A phigau aur ac arian ar eu blaen...

A dyna ganu fel dyn o'i go'
A chicio'r wal fel walia' Jerico;
A galw wnes am gig a gwin
A merch y tŷ i eistedd ar fy nglin.

Wel, dyma gig a dyma fara
A dyma win o'r winllan bella';
Mi a'i i alw 'merch i'ch plesio
O lawr y ffair lle mae hi'n dawnsio.

O, beth wn i am grys o sidan
A bwtsias mawr o aur ac arian?
Dw i angen ysgwydd, dw i angen braich,
Dw i angen calon i godi dan fy maich.

Nid y dillad sy'n gwneud y dyn!

Mi ddywedodd cyfaill o Barc y Bala wrthyf flynyddoedd yn ôl ei fod yn cofio dau was ffarm yn sgwrsio â'i gilydd yn iaith y Roma, neu y Cale fel roedd y sipsiwn Cymreig yn galw eu hunain. Mi gyrhaeddodd yr enwog Abram Wood, 'Brenin y Sipsiwn', a'i wraig Sara yn Sir Feirionnydd rywdro yn y 18fed ganrif a'r tylwyth i'w canlyn. Ar gefn ceffyl du y daeth o a het dri chornel am ei ben a lês aur amdani, a chôt o sidan du a

Teulu o'r Cale Cymreig, 1951

wasgod a brodwaith o ddail gwyrdd arni; darnau hanner coron oedd botymau ei gôt, a botymau ei wasgod yn sylltau, ac roedd byclau ei sgidiau a'i sbardunau o arian. Bu farw yn gant oed ym 1799, ar ochor y lôn yn ymyl Llwyngwril, meddai rhai; mewn beudy ar Gadair Idris, meddai rhai eraill. Ond claddwyd o, meddai pawb, ym mynwent Llangelynnin. 'Abram Woods, a travelling Egyptian' sydd wedi'i sgrifennu yng nghofrestr y plwy. Ffidlwr oedd Abram, ond daeth ei feibion a meibion y rheini yn delynorion nodedig.

Ym 1893 aeth J. Glyn Davies ('Fflat Huw Puw') a chriw o ffrindiau o Lerpwl i fwrw'r Sulgwyn i Landderfel. Ar y nos Sadwrn mi aethon nhw i gefn gwesty Plas Coch yn y Bala. 'Yr oedd tyrfa o bobl yno,' meddai wedyn, 'yn rhythu ar ddau ŵr ifanc sionc mewn clos pen glin a sanau gleision a sgidiau bach, yn ymryson dawnsio 'dawns coes brwsh' a thelyn deires yn cadw'r amser. Edward Wood oedd y telynor, a 'Chroen y Ddafad Felen' oedd y dôn... Yr oedd golwg ryfedd ar y lle, y dawnsio yn mynd ymlaen yn ddiflino, ac Edward Wood a'i ben ar fol ei delyn wrth y cildannau yn cysgu'n drwm, a'i fysedd yn gwibio yn ôl ac ymlaen heb faglu dros yr un nodyn. Pan ddaeth yn amser newid y dôn, ar ôl i rywun weiddi 'Gosteg', yr oedd rhaid ei ysgwyd gerfydd ei ysgwydd i'w ddeffro, a rhoi godard o gwrw wrth ei benelin...'

Ŵyr i'r hen Abram oedd Edward Wood. Disgynyddion i Edward wedyn oedd y ddau frawd oedd yn siarad iaith Abram â'i gilydd o fewn cof i'r cyfaill o Barc y Bala.

Rŵan, roedd artistiaid bohemaidd eu hysbryd ers talwm yn dyheu am gael byw fel roedden nhw'n tybio roedd un o'r Cale yn byw; yn cysgu o dan y sêr, yn crwydro am oes lle y mynno ei hun, ac yn marw lle mynno Duw. Yn y blynyddoedd cyn y Rhyfel Cyntaf, mi aeth yr artist John Dickson Innes (Dic) o Lanelli i aros i dafarn Rhyd-y-Fen wrth odre mynydd Arennig yn ardal y Bala. Roedd o wedi hulpio'i ben â'r mynydd rhyfedd hwnnw. Buan iawn y daeth artist arall o Gymro ato, sef Augustus John (Gussie), ac mi hulpiodd hwnnw hefyd. (Roedden nhw yn debyg i'r creadur hwnnw yn colli arni yn y ffilm 'Close Encounters of the Third Kind' ac yn gwneud llun ar ôl llun o Devil's Mountain.)

'*Arenig*', *John Dickson Innes*

Mi fudodd y ddau artist i fyw ymhen chydig i fwthyn heb ddim o flaen ei ddôr ond mynydd Arennig Fawr. A daeth trydydd artist o gyffelyb fryd atyn nhw wedyn, sef Derwent Lees o Awstralia. Mi fuon nhw am ddwy flynedd yn y grug a'r crawcwellt yn peintio'r mynydd liw dydd, ac yn y tai tafarnau yn cyfeddach liw nos. Ond roedd atyniad arall hefyd; yr Hen Deulu. Roedd Augustus John wrth ei fodd efo nhw ers talwm, ac roedd wedi dysgu Romani yn rhugl a dysgu Romani hefyd i'w barot. Am sbel ar ôl priodi ym 1901, mi fu o a'i deulu, sef ei wraig, Ida, a'i feistres, Dorelia, a'r plant o'r ddwy berthynas, yn rhodio'r gwledydd yn un o fenni'r sipsiwn.

Ym Mhenllyn roedd y tri artist yn gwisgo'n debyg i'r Cale ac yn cyfeillachu yn arw efo nhw. Un o'r wlad honno oedd Lisa Rowlands, gwraig Gwyn Erfyl, ac mae un arall o'r ardal, sef Iwan Bala, yn cofio Lisa yn sôn am Augustus yn dod draw i'r ffarm i

Augustus John â'i dylwyth

brynu wyau 'a hithe a'r plant eraill yn cuddio yn y cytie o'i weld yn dod. Dyn tal â gwallt hir du, wa, a locsyn mawr du a het lydan ac *earrings*... Ond fydde Lisa ddim digon hen i gofio cyfnod Arennig. Un ai roedd hi'n cofio straeon, neu yn cofio Augustus yn ymweld eto mewn cyfnod mwy diweddar – yn y tridege, efalle.'

Ta waeth, un diwrnod (cyn i Derwent ddod atyn nhw) mi aeth Dic a Gussie am dro i Gorwen. Ac yno mewn tafarn mi ddaethon nhw ar draws teulu o'r Cale. 'One of the young women, Udina,' meddai Ausgutus wedyn, 'was of great beauty, intelligence and charm. All Gypsy girls are flirts and this one was no exeption to the rule...' Roedd y teulu yn gadael am Ruthun y bore trannoeth, a threfnodd Dic a Gussie – yn ddirgel a heb yn wybod i'w gilydd – i gadw oed efo Udina eto. Pan ddeffrodd Gussie yn y bore, doedd dim golwg o Dic. Roedd o wedi cychwyn ar droed i geisio goddiweddyd y Sipsiwn ar y ffordd. Ond doedd Dic ddim yn ddyn iach iawn ac ar gyrion Rhuthun disgynnodd yn hwdwl ar ochor y lôn. Ac yno y bu'n gorwedd nes i Samariad da ddod heibio a mynd â fo i'w dŷ i gael ei gefn ato.

Oedd gan Udina ddiddordeb go iawn yn y ddau *gadje* gwirion yn eu dillad benthyg? Digon o waith. A oedd criw o gerddorion neu feirdd ar gyrch clera ddeng mlynedd ar hugain yn ôl yn wahanol iawn i Dic a Gussie? Nac oedden.

18.

Y Sŵn

Awn ni o'ma i le uchel,
Draw i ffridd yr adar ffraeth,
Rhown ein dwylo ar hen delyn,
Efo clustiau llym rhwng y trum a'r traeth,
'Wnawn ni ddisgwyl, disgwyl am y sŵn.

Ella daw fel cri'r pregethwyr
Yn eu hetiau duon a'u sgidiau bach cul;
'Llosgwch y crwth, rhowch heibio'r ddawns!
'Dach chi'n gwybod ei bod hi'n bechod
Treulio'r Sul yn chwara'!' Ai sŵn fel'na fydd y sŵn?

Ella daw fel llais dyn haearn
Yn syllu o ryw benrhyn draw,
Ei draed a'i drwyn a'i drem yn gadarn
A phicell biwis yn ei law;
Dyn haearn, ai llais dyn haearn fydd y sŵn?

Ella daw'n chwardd fel Dafydd ap Gwilym
Ym mreichiau'r morynion clws o hyd;
Ella daw fel cwyn Siôn Cent,
Yn bwrw ei sen am ben y byd,
Ai cusanu 'ta pesychu fydd y sŵn?

Ella daw fel y syrth afala',
Ella daw pan fydd yr Wyddfa'n gaws.
Awn ni o'ma i le uchel;
Mae'r byd yn hyll a be' 'dan ni haws
Ag aros, aros heb y sŵn.

'Mi af oddi yma i ben Garn Fadryn...'

Roedd rhesymau eraill dros fynd i le uchel heblaw dianc rhag golwg hagrwch cynnydd. Efallai bod dau o bethau ifanc wedi cyfarfod yn y ffair ond yn byw am y mynydd â'i gilydd. Efallai nad oes gan y rhieni fawr o olwg ar yr hogyn. Lle gwell iddyn nhw gadw'r oed na hanner ffordd rhwng y ddau dŷ mewn llecyn o olwg pawb?

> Mi af oddi yma i ben y mynydd
> I gyfarfod Neli Dafydd;
> A phe cawn fy lladd yn farw,
> Rhof fy nwylo am ei gwddw. (**HB** 431)

Wedyn roedd y bobol ifanc, yn hogiau ac yn genod, yn cael eu hanfon o'u ffermydd i weini i drefi neu i ffermydd eraill, on'd oedden? Ac roedd yn rhaid morol eu bod nhw yn mynd yn ddigon pell neu ddianc adre y bydden nhw bob gafael o achos hiraeth. Canu am yr hiraeth hwnnw roedd y sawl wnaeth y gân sy'n cychwyn 'Yn y môr y byddo'r mynydd sydd yn cuddio bro Meirionnydd...' (**HB** 263 a 148) a phenillion tebyg (261; 683; 692). A'r mwyaf dirdynnol ohonyn nhw i gyd ydi hwn:

> Mi af oddi yma i ben Garn Fadryn
> I gael gweled eglwys Nefyn;
> O ddeutu hon mae'r plant yn chwara',
> Lle dymunwn fy mod inna'. (**HB** 274)

Hogan sy'n llefaru, mi rown fy mhen i'w dorri, wedi ei hanfon yn bell o Nefyn i weini; i ffarm yr Hendre, Llaniestyn, yr ochr draw i Garn Fadryn, efallai. Mae arni hiraeth mawr am ei chartre ond hefyd hiraeth creulon am gael bod yn blentyn yn ôl... Mi gofiwch i Moses esgyn o rosydd Moab i fynydd Nebo er mwyn cael gweld holl wlad Gilead hyd Dan; o fryniau Caersalem cawn weled hefyd. Ac am y rhesymau hyn i gyd rydym yn mynd i le uchel ar ddechrau'r gân i ddisgwyl am y sŵn.

Beth ydi hwnnw? Wel, ystyr Cymru, y wlad a'r chwedl, debyg iawn! A dyna ni ar ein pennau eto i ganol yr hen ffrwgwd ynghylch Methodistiaeth! Fel hyn mae Dafydd Broffwyd yn canu am addoli'r Bod Mawr: 'Molwch Ef â llais utgorn; molwch Ef â nabl ac â thelyn. Molwch Ef â thympan ac â dawns; molwch Ef â thannau ac ag organ. Molwch Ef â symbalau soniarus...' Ond gwgu wnaeth yr Hen Gorff o'r cychwyn ar ddawnsio ac ar grythwrs a thelynorion. 'This revival of religion,' meddai Thomas Charles â mêl ar ei fysedd ym 1793, 'has put an end to all the merry meetings for dancing, singing with the harp and every kind of sinful mirth.' Ac meddai dyn wrth annerch Cymdeithas Gorawl Llanberis ym 1827: 'Such instruments as the *telyn* and viol are unnatural to God. No man can praise God with his fingers...' Pan oedd y telynor Peter Jones o Langynog yn dod adre o wylmabsant Llandderfel dros fynydd y Berwyn, mi gafodd bwl mawr o euogrwydd a chladdu ei delyn yn y mawn. 'Er y gelwid hi wrth yr enw Gŵyl Mabsant,' meddai Roger Edwards o'r Bala, golygydd *Cronicl yr Oes*, 'ei henw iawn oedd Gwylmabsatan!' Pan welodd Thomas Jones, mab duwiol y telynor Ifan Waun Oer o Garthbeibio, ei dad yn cychwyn am ryw noson lawen, 'Dacw 'Nhad,' meddai, 'yn mynd â'r Diafol ar ei gefn!' A phan ofynnodd Nansi Richards i ddisgynnydd i Ifan Waun Oer beth oedd hanes y delyn roedd o wedi'i gwneud â'i ddwylo ei hun o'r goeden wrth dalcen ei dŷ, dywedodd ei bod hi wedi'i

Y Dyn Haearn

llosgi ers talwm, 'rhag ofn i rai o'r teulu fynd â hi i'r dafarn.'

Mae'r dyn haearn yn bod! Os ewch chi am dro i draeth Llanbedrog yn Llŷn, mi welwch chi o ar ben Mynydd Tir Cwmwd a'i wyneb tuag Eryri. Ond hwn ydi'r trydydd dyn fu yno yn syllu draw. Dyn pren oedd y cyntaf, 'bolsbryd' llong lechi fechan a suddodd yn ymyl. Codwyd y dyn pren ar orchymyn y dyn pres Solomon Andrews oedd yn gyfrifol am adeiladu hanner tref Pwllheli ac oedd yn byw ym Mhlas Glyn y Weddw gerllaw. Ym 1911 roedd hynny. Yn niwedd y saithdegau mi losgwyd y dyn pren gan ryw ddihirod meddw. Gwnaed dyn haearn wedyn o hen shîts haearn â gwaywffon hir yn ei law. Ond rhydu wnaeth hwnnw yn ddim gan yr heli yn y gwynt, a bu'n rhaid gwneud dyn arall eto, rhyw ogor o ddyn y medr y gwynt fynd drwyddo dan chwibannu.

R. S. Thomas wrth ei gartref yn 1997

Dydw i ddim yn cofio rŵan pryd na hyd yn oed pam, ond roedd criw ohonom ni feirdd a chantorion o Gymru yn Rhydychen rywdro ac wedi cael gwadd i noson yng nghwmni R. S. Thomas yn un o'r Colegau. Roedd llond y Neuadd ar bigau o'r Dons a'u myfyrwyr a phobol gyffredin o bell ac o agos, a thrydar eu siarad yn codi i'r hen nenfwd dderw. 'The Ogre of Wales, they call him...' 'He's the poet of the unanswered prayer, the bleak trek through darkness, and his theology seems strange against any known traditional norm...' 'Batty about birds, though...' O'r diwedd, dyna ddyn draw ym mhen pellaf y lle yn codi ar ei draed ac yn galw am osteg. 'Our guest tonight needs no introduction,' meddai hwn, a siarad am hydoedd yr un fath. 'And so without any more to-do, it is my very great pleasure to welcome R. S. Thomas to the podium.' Cymeradwyaeth fawr. A dyna R. S. yn dod yn ara' deg yn ei flaen ac yn sefyll yn simsan a blêr y tu ôl i'r pulpud. Cododd y gwydyr dŵr yn ei law grynedig a chymryd llymaid, ac yna yn y distawrwydd mawr syllodd ar y gynulleidfa a dweud mewn hen lais main: 'Dydw i ddim am siarad Saesneg heno.' A wnaeth o ddim! Ni wn i hyd heddiw beth yn union oedd arwyddocâd y safiad eithafol hwn, ond mi gofiaf y wefr o'i weld tra byddaf. Ac i mi, R. S. Thomas oedd y dyn haearn hwnnw – yr ail un – ar ben Mynydd Tir Cwmwd, a'i ysgrifbin yn ei law.

Dafydd ap Gwilym a Siôn Cent wedyn: mis Mai a morwyn y dafarn 'ta gwagedd ac oferedd y byd? Dwy ffordd o edrych ar bethau. Yr afalau a'r caws? Efallai y daw'r ateb yn rhwydd, neu efallai na ddaw o gwbwl...

Dyna ydi ystyr 'Y Sŵn', mae'n debyg.

19.

Gyda Mwynder

Mi af oddi yma i'r lle uchel
I weld eglwys Llanfihangel;
Oddeutu hon mae'r plant yn chwarae,
Lle dymunwn fy mod inna'.

Mi welais ddydd – aeth hwnnw heibio –
Mynd lle mynnem a chael croeso,
Mynd y nos i dai ein gilydd
Gyda mwynder a llawenydd.

Glaw yn y gogledd, glaw yn y de,
Ac am ben y bysgar ar bafin y dre,
Ond mae gwaredigaeth, a buan y daw,
Fel yr afon yn torri'i glannau yn y glaw.

Gweld y goeden wrth ddod at y ffin,
Ei hanner hi'n irlas a'i hanner hi'n grin;
Mi wnawn ni hon yn gyfan o'r newydd
Gyda mwynder a llawenydd.

Mi fu rhyw angel yn sefyll fan hyn:
Mae hi'n ha' bach Mihangel hyd ochor y bryn;
Awn ni heno i dai ein gilydd
Gyda mwynder a llawenydd.

Dyma ni'n mynd i'r lle uchel eto, nid er mwyn edrych draw, fel y mab penfelyn ar ben Mynydd Caerau a'r forwyn hiraethus ar ben Garn Fadryn, ond er mwyn cyrraedd pen y mynydd. Sant yr uchelfannau ydi Mihangel. Mae eithriadau – fedrwch chi ddim bod yn llawer iawn is na Llanfihangel-y-Traethau ym Meirionnydd – ond yn uchel ar ben mynydd neu graig neu ar ynys yn amlach na heb y bydd llannau Mihangel. Mi wyddwn i hynny yn iawn adeg gwneud y gân hon, ond wyddwn i ddim pam!

Pan welwch enw o'r Testament Newydd fel Mair neu Pedr neu Iago neu Andreas yn sownd mewn 'Llan', mi allwch fod yn weddol sicr mai'r Normaniaid oedd yn gyfrifol. Enwau seintiau brodorol, megis Beuno

'Mihangel' gan Lieven van Lathem, 1469

a Dewi a Teilo, a myrdd o rai eraill na wyddom ddim oll am eu hanes nhw erbyn hyn, sydd ar lannau hynaf y Cymry. Ond cymeriad o'r Hen Destament ydi Mihangel, tebycach i Bendigeidfran na Phedr, ac mae'n debyg iddo gael ei dderbyn yn gynnar iawn gan y Brythoniaid hanner Cristnogol. A'r rheswm y cafodd o fod yn sant yr uchelfannau, fel rydw i wedi dysgu yn ddiweddar iawn, ydi bod y proffwyd Enoch wedi dweud fel hyn yn ei Lyfr (xxiv-xxv): 'A myfi a welais saith o fynyddoedd gwychion, meini y rhai oedd odidog yr olwg arnynt. Tri tua'r dwyrain, y naill ar ben y llall, a thri tua'r de, y naill ar ben y llall. Ac yng nghanol y rhai hyn yr oedd y seithfed mynydd, yr hwn oedd uwch na hwynt a megys gorseddfainc, ac o amgylch yr orsedd yr oedd coed peraroglus. Ac ymysg y rhai

Sceilig Mhichil, Iwerddon   *Menez Mikel, Llydaw*

hynny yr oedd coeden, perarogl yr hon a oedd y tu hwnt i bob
perarogl, a dail a blodau a phren yr hon byth ni wywant. A'i
ffrwyth sydd deg a megis datys y balmwydden. A chan hynny y
dywedais: 'Mor brydweddol yw y goeden hon a pheraroglus a
theg ei dail a thra dymunol ei blodau.' A Mihangel, blaenor yr
angylion a oedd gyda mi, a atebodd gan ddywedyd: 'Enoch, pam
goblyn y gofynni imi am arogl y goeden?' A myfi a atebodd gan
ddywedyd: 'Yr wyf yn dymuno gwybod pob gwybodaeth, ond
yn anad dim am y goeden hon.' Ac efe a atebodd gan ddywedyd:
'Y mynydd uchel a welaist a'i gopa megis gorsedd Duw; hwn yw
Ei orsedd, ar yr hon yr eistedda Tad y Tragwyddoldeb pan
ddisgynno i'r ddaear â daioni. A'r goeden beraroglus hon, ni
chaiff neb o feibion dynion gyffwrdd â hi hyd Ddydd y Farn. Yna
y rhoddir y goeden i'r cyfiawn a'r duwiol. Ei ffrwyth fydd
ymborth yr etholedig; a hi a drosglwyddir i'r man cysygredig, i
deml yr Arglwydd...'

Dyna egluro pam y cysgregrwyd y llannau uchel i Mihangel,
gan ddisodli rhyw dduwiau bach brodorol oedd yno yn y niwl cynt,
efallai. Mae'r Mont Saint Michel enwog yn Normandi, a hwnnw
yng Nghernyw; mae Sceilig Mhichil, y graig anferth ar lan Kerry
yn Iwerddon â mynachlog hynafol arni; mae hen gapel wedi'i
gysegru i Mihangel ar gopa mynydd sanctaidd y Sgyryd Fawr ar
gwr y Mynydd Du, a Llanfihangel wrth ei droed; mae Menez

Mikel an Are yn Llydaw, a llawer o rai eraill drwy'r gwledydd.

Ond wyddwn i ddim cyn dod ar ei thraws yn Llyfr Enoch am y goeden, Pren y Bywyd! Y goeden oedd gen i yn y gân ydi honno yn yr hen chwedl Gymraeg am Peredur ab Efrog: 'a phren a welai ar lan yr afon, a'r naill hanner i'r pren yn llosgi hyd ei flaen a'r llall â dail arno ac â'i risgl yn tyfu'n deg...' A throsiad oedd hi i fod am Gymru, y wlad ar ei hanner. Roedd 'mynd lle mynnem a chael croeso' yn dwyn i go' amser mae llawer ohonom yn ddigon hen i'w gofio cyn bod sôn am y ffôn symudol na'r we, amser y gwnaeth yr Ebillion yn fawr iawn ohono. Ond mae'r pennill wedi magu arwyddocâd newydd erbyn hyn yn sgil y Pla a'i gaethiwed. Yr un o hyd ydi ystyr 'ha' bach Mihangel' ('hañvig Mikael' yn Llydaweg), sef yr ysbaid fer o dywydd braf annisgwyl yng nghanol y glaw ar ddiwedd un yr haf. Neu yn drosiadol, gobaith.

Y Sgyryd Fawr

20.

Beaj Iskis

Fi zo e tont war ar veaj iskis?

Ha piv oc'h fi a zo digouêt
A-dreuz d'ar mour heb bag ebet,
Gad ho taouarn garv, ho parv Sant Pêr,
Hag o roched ru hag o chupenn gêr
Ha begoù pik war ho poutoù lêr?

Me zo deut dre ar gwinij gwe
Da gas ac'hanoc'h ganin me;
Kit da wel' ho tadig-o,
Pemp real a vo, pemp real a vo;
Yec'hed mad ha kenavo,
Deuit ganin da wel' ma bro.

Daou wenneg an eur, daou wenneg an eur
'Vit chom da zalla sardin!
Daou wenneg an eur, daou wenneg an eur
Toud hom bue pad.

Daou wenneg an eur, daou wenneg an eur
'Vit chom da zalla sardin!
Kenavo ma mamm, ma zad,
Erwannig vo ma mestr da vad.

Beaj iskis, beaj iskis, aet omp dre ar gwinij,
Beaj iskis, beaj iskis, noz du dall anei;
Beaj iskis, beaj iskis, redomp dre ar gwinij –
Me breno deoc'h ivijoù sei
Ha traoù da lak' ho penn da drei.

Mari Vihan zo plac'h gwê,
Hi yei d'an Ened heb he sae,
Hi no avaloù aou,
Ha loud vo brein ha loud vo brav,
Hi no gwastell, hi no gwin,
Hi zañso plin hag e yei d'he roud;
Achu an Ened, n'on ket jênet,
Dreb' an argent – achu toud.

Ur wech e oa, ur wech e vo! Bep bloa pa oan bugel e teue ar Joniked da zerr-noz heb na trouz na safar da skei skañv war an our a-dreñv. Trapen n'eo ket an ognon rous nemetken a gase ar re-se met pesked ha begoù bran ha kranked hag a-wechioù ligistri bet trapet toud dindan frioù pesketourien ar vro. Ha nag a ziskanti ha disvouelli ha dilenn vie goude. Kontet zo bet din

Yves Hervé

e vie laket ar Joniged da gana ar Marseillaise ga ma mamm-gozh gwechall!

War ar porzh ba Porzhmadog e vie lojet ar baotred. Ba'l lae e oa ur zal vras lec'h ma vient e raouenni an ognon evit bea staget a-stribilh war o beloioù. Ul labour hirvoudus ken ma oa (desket moa ba Douarnenez e ve laret 'raouenn' pa ve graet anv deus un den hag a lâr en-dro ar memes tra meur, meur, meur da wech!) Met un tammig pellac'h, ba Cricieth (= 'krug keizh'), e oa un ostaleri, ar Priñs, dalc'het gad ur breton. War ar vali b'ar gêr-se zo ur blakenn vaen-glas ma c'heller lenn warni e kembraeg ha galleg ha saozneg: 'À la mémoire des commandos de la France Libre, qui étaient logés chez les habitants de Cricieth de juillet 1942 jusqu'à mai 1943. Et en reconnaissance de l'hospitalité accordée à ces jeunes Francais par les citoyens de Cricieth'. E-touez ar 'jeunes Francais'-se e oa Yves Hervé, ganet e 1921 e Pleuraneg (Ploubazlanec), ha ken tomm all an digemer lec'h ma oa lojet ken ma oa chomet da zimî ga' plac'h an ti, Megan, e 1944. Ha chomet da vad goude ar brezel hag aet da davarnour. E-pad pell eo bet sturer ar vag sovetaj ue.

Ba korn ar Priñs e-kreiz ur vorenn mouged *gaulloise* ez en em vodenne ar Joniged galionar-se da gonta kaoz. Ha me b'ar skoul brevez, pell deus kêr, a lare chuchumuchu d'ar baotred all e oa Breizhadez ma mamm din-me, ur briñsez deus ar vro-se memes, ar marc'h gevier ma oan.

Da bemzekvloa e oan aet me da Vreizh d'or un tamm tro ba Bro Leon sam ga' ma famill. E-pad ar veaj-se moa prenet geriadur Ropaz Hemon hag *An Diri Dir* gant Youenn Gwernig, ha buan tre e oa aet skuizh ar re all e chilaou ac'hanon e lenn a-vouezh-uhel toud ar gerioù kembraeg skrivet iskis. Ae war an estajerenn

108

ema al levrioù-se hiv c'hoa. A-benn neubeud e oan en em gavet b'ar skoul veur ba Aberystwyth o studïal ar brezhoneg, hag ar memes mare e oa digouêt Robin Llywelyn. Hema oa bet war ar maez don ba Bro Dreger dija o tastum patatez sams ga' Gareth Parc (hag a zo bet anv deusouta dija b'al levr-ma) ha dont a rae brav ar brezhoneg ganta, ken brav all hag huni ar gelenerez, ma larfen gwir – bravac'h memes; g'al Leoneg e rae hi, lec'h Robin a rae gad ur mell 'r' dregerus. Mag en em gavit fi un dei bennak ba ostaleri vrudet Portmeirion, kit e brezhoneg g'ar rener – Robin Llywelyn an huni eo, ha deus Plouveilh e teu e lambig!

Bet e oan bet goude (gist meus kontet tuchantig) ga' ma zelenn neve ba Lannuon, ha goude se c'hoa kaset betek Rosko ha Roazhon (pe Raoun, gist ma lâr loud) da heul ur skipailh tele d'or micher Youenn Gwernig ba fin ar brezel! Da lared eo, jubennar. Ba Rosko e teuen a-benn, met ba Raoun e oa dav din trei pezh a lare penn-rener an tele brezhoneg, an Aotrou Bienvenu, Jwenedour fier anea. Laroud rae hema alies 'meni mon dal… meni mon dal…' Pell on bet e klask goud petra an diaoul oa ar sapre 'meni mon dal' raouennus-se. Pa moa bet tapet komprenn e moa graet ur pezh lamm en ur choual: 'amen emañ an dalc'h'!

E-pad ar veaj-se moa kejet g'ar ganourez Nolwenn Korbel deus Douarnenez, ha setu me paket gist ma oa bet paket Yves Hervé b'an tu all d'ar mour, nemet me ne oa ket dieub ma zreid din-me d'ar mare se… Met nag ur zorienn zo bet goude dreist ma fenn! Ha nag a dud zo bet enni e rimadelli hag e kana hag e son! En o zouez Andrea ar Gouilh, Pêr Jakez Helias, Youenn Gwernig, Alan Stivell,

Josephine Pencalet

109

Martial Menard, Bernez Tangi... War an estajerenn du-ma ue, skoa-ha-skoa ga' *Caneuon Traddodiadol y Cymry*, ema levr kanaouennoù pobl Yann-Fañch Kemener, *Carnets de Route*, bet profet din ganta. E-barzh zo skrivet: 'Peadra da brederiañ war gwrizïoù hon gourdadoù. Gant ma tigaso se nerzh deomp dont war raok...'

Ur wech e oa deut Robin Llywelyn da jom e-pad ur pemzete bennak hag aet oamp hom daou da c'haloupad. Kousket un nozvezh toud e lae ba un tour koad ba kichen Lannilis ha chomet d'ar mintin da zigori ist Prad ar C'houmm gad ur goutell verglet. Pas pell ac'hane oa bet diskwelet deomp pezh a jome deus ur pikol gwelc'hodenn bik, an huni dewa ha hira he ficherez bet gwelet b'ar vro-se a-viskoa hervez. Hag ohu, ma Doue benniget, fes fall ganti! Hom brud oa aet dirazomp, ha ba Tregastell e oamp gorto'et dija; kerkent ha ma oamp deut war wel, setu ar paotr bet laket da ziwall war dreuzoù an ostaleri da houpal: 'Les voilà! Ils sont arrivés! Les anglais bretonnants!' Aet e oamp ue betek Lokemo d'or ur gwel da Jules Gros hag a noa d'ar mare-se ouzhpenn kantvloa dija. Penaos e noa graet evit chom en e blom ken bliv? Penaos ne oa ket aet dibaoue pell da c'hoari gad e vont? Bet oa bet 'balëer bominab' tog e vue, eme ar gouron-se; dibi rae un tamm pesk bemde doue; hag e or war e dro e oa div vatezh yaouank. Kanet noa deomp 'Ar voualc'h he deus kollet he beg...' gist ma vefe moualc'h Kilgouri he hun an huni a gane dirazomp b'an ti teñval...

Met 'Beaj Iskis'? Pa oan bet kaset ar wech kenta betek Douarnenez e oa da vare an Ened. Kredet vije Kêr Iz a-raok an tarzh-mor bras; morse moa bet gwelet un diroll a seurt-se! Eno moa desket ur rimadellig: 'Achu an Ened, n'on ket jênet...' Ha goude se moa desket re all, bet kanet gant ar pennoù-sardin da vare harz-labour bras 1924 hag int e c'houll e vefe kresket o gopr dister. E penn ar pennoù-sardin oa ur plac'h anvet Josephine Penkaled. An huni ve rust beg e deod a rank bea kaled koste e

Harz-labour ar Pennoù Sardin

benn! Hag aet an trec'h g'ar merc'hed, gounêt ganto pezh oa reizh deo kaoud. Ha me ha planta an tammoù rimadelloù-se deus Douarnenez ba kreizh istor vojennus an estrañjour e tont, hañval mad ouzh henne hag a oa digouêt ba foar ar Bala...

Be zo bet deus Mari Vihan e gwir! Ur plac'h divarchet deus ar c'horn gwechall hag a yae d'or an Ened beb bloa keit ma oa bev. Pa oa bihan e yae war he c'hrabosoù etre divharoù ar riboulerien d'or melloù taoloù silvinkus deo gad he bazhig. Pa oa deut brasac'h anei e yae d'an Ened mod all...

A-hent all, 'Kit da wel' ho tadig-o' ne oa ket trapenn d'ar glotenn. Un hejik penn un huni eo deus perzh ma c'hamalad Tremmwelig, deus a Veg an Divod, d'an Iwerzhoniz, Thin Lizzy. Ar re-se a gane ur ganaouenn hengounel anvet 'Whisky in the Jar' hag a zo dei un diskan iskis a-walc'h: 'Mush-a-ring, dum-a-doo-dam-a-da / Whack for me *daddy-o* / Whack for me *daddy-o* / There's whiskey in the jar...' Met ga re all e ve kanet 'whack fol the diddle day', hag anat eo n'eus netra da wel ae ga tadig ebet. Un tamm *puirt a beul* an huni eo, gist 'la la la la leno' pe 'yafem tra o dari da don deno'.

111

21.

Jini

Ydi'r lleuad dros y fawnog
Wedi smwddio'r rhychau blêr?
Wyt ti'n sefyll yn dy ffedog
Ac yn synnu at y sêr?

Oes 'na arian yn nŵr Prysor
Ac ar lyn Hiraethlyn draw?
O, mi wyddost nad oes trysor
Fel cael gafael yn dy law.

Hiraeth mawr sy gin i am dy freichiau, Jini,
Braf yw cael dy gwmni pan dw i'n cysgu'r nos.
Eistedd yn fy nghadar, gwrando cân yr adar;
Gofyn yn dy badar pryd ga'i ddod o'r ffos.

Ydi 'mrodyr yn yr Ysgwrn
Yn bugeilio'r gwenith gwyn?
Ydi 'Nhad yn cau ei ddeuddwrn
Am fy mod i yn fan hyn?

Ydi Mam yn hel y briwsion
Wrth i'r genod hwylio'r bwyd?
Oes 'na rywun yn dy ddanfon heno
Adre i Bant Llwyd?

Hiraeth mawr sy gin i...

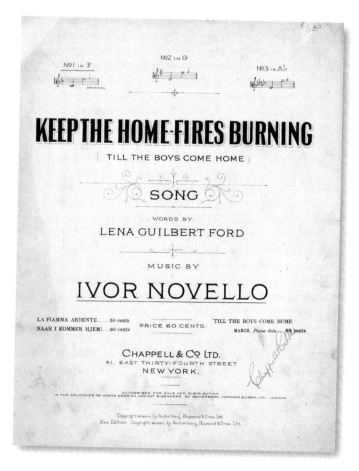

Ar y 15fed o Ionawr, 1893, mewn tŷ o'r enw Llwyn Eos ar Heol y Bont-faen yng Nghaerdydd, ganwyd bachgen bach. Roedd David Davies ei dad yn glerc yn yr Adran Hel Trethi a heb uchelgais o fath yn y byd. Ond roedd Clara ei fam yn wyres i'r Parchedig William Evans, 'cloch arian Ton-yr-efail', ac roedd hi'n athrawes ganu go ffyrnig ac yn arweinydd côr adnabyddus eisoes. Bedyddiwyd y bachgen yn 'David Ivor' ond anghofiwyd am y 'David' wedyn. Roedd ganddo lais arian fel ei daid ac roedd

113

Ivor a'i fam

yn ennill yn aml ar y canu mewn eisteddfodau. Roedd ganddo hefyd ddawn amlwg yn ifanc iawn i wneud cân.

Erbyn dechrau'r Rhyfel Mawr ym 1914, roedden nhw'n byw yn Llundain ac roedd Mrs Davies yn cymell Ivor i wneud cân ryfel yr un fath â phawb arall. Gwrthod wnaeth o i ddechrau, ond dyma'i fam yn mynd ati i gyfansoddi cân ei hun, 'Keep The Flag A' Flying', ac roedd honno mor erchrydus nes bu'n rhaid i Ivor wneud un yn ei lle. Bu'n syllu am sbel drwy'r ffenest ar y cymylau duon yn hedfan heibio, ac yna mi aeth at y piano a chwarae tôn newydd sbon ar un cynnig. Galwyd ffrind i'r teulu, Americanes o'r enw Lena Guilbert Ford oedd wedi gwneud geiriau i Ivor o'r blaen. Tra oedden nhw yn siarad wrth y piano, dyma'r forwyn i mewn: 'Begging your pardon, Sir. May I put more wood on the fire, Sir?' A dyna Ivor yn gweiddi 'That's it!' ac yn troi yn ôl at y piano ac yn canu: 'Keep the homefires burning, while your hearts are yearning...' Gadawodd y gweddill i Lena ac roedd y gân wedi'i gorffen ymhen hanner awr. Mi aeth hi ar gyrn a phibau o'r neuaddau cerdd i wersylloedd y fyddin nes bod pob un sowldiwr yn ei chanu. Mi enillodd Ivor Davies glod mawr a thomen o bres ar ei chorn hi, digon iddo gael troi yn Ivor Novello am byth. Ond am ei bod hi'n gwbwl ddi-glem ynghylch arian, ni chafodd Lena druan yr un sentan. Ac ym Mai 1918 mi aeth Zeppelin dros Lundain a gollwng bom gan chwalu'r tŷ lle'r oedd hi'n byw.

Ym 1916, pan ddaeth y Ddeddf Gorfodaeth Filwrol i rym, aeth Ivor i listio efo Gwasanaeth Awyr y Llynges Frenhinol. Roedd o'n barod i wneud ei ddylestwydd, ac roedd o'n gweld y lifrai yn goblyn o smart hefyd. Ond mi chwalodd ddwy awyren yn yrbibion cyn gorffen ei hyfforddiant, ac ar gownt hynny (ond hefyd ar gownt ei fod o a'i fam yn nabod y bobol iawn) bu'n clercio am weddill y Rhyfel yn swyddfa'r Weinidogaeth Awyr yng Ngwesty anferth Cecil, o fewn golwg i'r theatrau a'r neuaddau cerdd.

Gwahanol iawn oedd hanes Hedd Wyn, yntê, yn listio yn lle ei frawd ac yn marw â siel yn ei fol yn Fflandrys? Mae'n debyg mai Jini Owen, ei gariad o Bant Llwyd, 'dynas dlws iawn a dwy foch goch ganddi', oedd yr olaf i dderbyn llythyr oddi wrth Hedd Wyn. Ac nid anodd ydi dychmygu amdano ar daw yn y ffos, a 'Keep the Homefires Burning' yn dod gan ryw gôr bach gwangalon yn nes draw, yn llyfu blaen ei bensal ac yn taro'r penillion hyn ar damaid o bapur budur i fynd ar dôn Ivor

Hedd Wyn a'i fam

Davies o Cowbridge Road, Caerdydd.

22.

Cân Begw

Mae gen i gariad newydd
Newydd gael ei blwydd,
Mi goda'i 'nghariad dan fy mraich,
Mi eith i fan'no'n rhwydd.

Mae ganddi lygaid gwyrddlas
Fel dau ddafn o'r lli,
Ac mae dyfnder llawr y moroedd
Yn ei golwg hi.

Peth bach o'r pethau bychain
Ydi fy nghariad i.

Pan eith hi'r nos i gysgu,
Mi af innau ar fy hyd,
Ac mae sŵn ei chalon yn y nos
Yn llenwi'r byd i gyd.

Trafaeliais yr Amerig
A'r India fawr ei bri,
Mi welais ryfeddodau mawr,
Ond dim tebyg iddi hi.

Peth bach...

Mae fy llaw i fel tywarchen
Am ei bysedd glân,
A thebyg yw ei gwinedd gloyw
I ddeg o sylltau mân.

Mae ei dwyglust fel petalau
Rhosyn gwyllt y ci,
Ac mi fedrwn dreulio dyddiau f'oes
Yn syllu arni hi.

Peth bach...

Rhyw how awgrymu pethau drwy drosiad neu ddelwedd y bydd rhai ohonom wrth wneud cân, neu chwalu profiadau a'u rhoi nhw efo'i gilydd yn ôl yn straeon newydd. Anaml iawn rydw i wedi cyfansoddi cân debyg i hon, ac roeddwn wedi rhoi'r gorau i'w chanu yn gyhoeddus ers rhai blynyddoedd, rhag codi embaras ar Begw! Ond rydw i wedi cael ei bendith hi arni...

Ganwyd Begw â'r cyflwr anghyffredin *Tracheo-Oesophageal Fistula (TOF)* arni. Roedd y *trachea*, y beipan sy'n arwain o'r gwddw i'r sgyfaint, yn sownd yn yr *oesophagus*, y beipan sy'n arwain o'r gwddw i'r cylla, yn lle bod y ddwy beipan ar wahân fel maen nhw i fod. Bu'n rhaid iddi gael llawdriniaeth ddeg awr ddiwrnod ei geni, a rhybuddiodd y meddygon ni efallai na ddôi hi drwyddi. Ond dod wnaeth hi, ac er gwaethaf llawer braw mawr yn ystod y blynyddoedd cyntaf, a llawer noson hir yn Ysbyty Gwynedd ac Ysbyty Alder Hey iddi hi a'i mam, mae Begw erbyn heddiw fel y gôg.

Roedd gan Syr John Morris-Jones ryw syniadau go ryfedd ynghylch pa eiriau sy'n iawn mewn cerdd a pha eiriau y dylid eu hosgoi. Doedd o ddim yn hoffi'r hen air hyll 'boch'; 'grudd' oedd y gair iawn. Doedd o ddim yn hoffi'r gair 'trwyn', chwaith, ond dw i ddim yn cofio pa air roedd o'n ei gynnig yn lle hwnnw. Doeddwn i ddim yn meddwl am bethau felly wrth wneud geiriau'r gân hon am Begw: roedd ei llygaid fel dŵr afon Dwyfor ar fore o haf. (Os gwyrddlas oedd ei llygaid hi bryd hynny, rhyw wineuwyrdd ydyn nhw erbyn hyn, fel dŵr afon Dwyfor fin nos

o haf!) Roedd ei bysedd bychain bach mor berffaith a difrychau wrth yr hen law fawr flêr oedd yn gafael ynddyn nhw; roedd ei gwinedd mân yn sgleinio. A beth am ei chlustiau? Wel, roedd y rheini'n fach ac yn grwn a'u hymyl nhw wedi crychu mymryn, yn debyg i flodau'r rhosyn gwyllt. Tlysach o lawer gen i flodau bach diniwed rhosyn y ci na rhyw hen rosys cochion mawr: 'mae ei chlustiau fel petalau'. Ond roedd y gair 'clustiau' yn cyfarth ar yr un gwynt â 'rhosyn gwyllt y ci'. Un rheswm am hynny oedd ei fod o yn creu odl â'r gair yn y pen, 'petalau'. Ond roedd o hefyd yn swnio'n gomon rywsut! Ac eto am glustiau roeddwn i am sôn... A dyna daro ar y gair 'dwyglust': 'mae ei dwyglust fel petalau'. Ac am ryw reswm roedd popeth yn dda wedyn.

Ar gyfer ei phen-blwydd cyntaf hi y gwnes i'r gân. Erbyn hynny, roeddwn wedi gweld dipyn ar y byd. Wedi ei dwyn mae'r llinell 'Trafaeliais yr Amerig a'r India fawr ei bri' o gân werin go wahanol ei naws. Do, mi welais ryfeddodau mawr yn America ac yn India! Ar 42nd Street ym Manhattan ar eira mawr mi fûm am amrantiad ysgwydd-yn-ysgwydd â Lauren Bacall a chôt ffwr amdani, a'r Chrysler Building a'i chriw yn dystion; o ben Bryn y Teigr yn Dargeeling, gwelais olau'r wawr yn taro Chomolungma, y mynydd uchaf yn y byd.

Ond mi fuoch chithau, os ydach chi'n rhieni, yn rhyfeddu at wyrth dwylo a bysedd a chlustiau bychain, ac roedd Begw bach ar ben ei blwydd yn fwy rhyfeddol na'r rhyfeddodau i gyd. Mae mwy nag un ystyr, wrth gwrs, i'r ymadrodd 'peth bach o'r pethau bychain'.

Begw

23.

Ôl-nodyn

Pwy fydd yma 'mhen can mlynedd?
Pwy fydd yma'n dyblu'r gân?
Pwy fydd yma yn cyfeilio
Hen alawon Gwalia lân?

Pwy fydd yma'n adrodd hanes
Awen beirdd ein dyddiau ni?
Pwy fydd yma'n cyfansoddi
Yn ôl defod, braint a bri?

Does dim llawer iawn llai na chan mlynedd ers cyfansoddi'r gân sentimental yna yn ystod yr Ail Ryfel, ac ers i David Lloyd o Drelogan yn Sir y Fflint, hwnnw â'r 'deigryn yn ei lais', ei gwneud yn gân boblogaidd iawn. Recordiwyd hi hefyd gan Jac a Wil a'i rhyddhau ar record heb enw wrthi am nad oedd neb yn siŵr iawn pwy oedd piau hi. Cyrhaeddodd llythyr wedyn oddi wrth y Parchedig Ernest Llwyd Williams yn rhoi gwybod mai y fo oedd wedi ei chyfansoddi adeg dathlu canmlwyddiant capel Ebeneser yn Rhydaman. Mae John ac Alun yn ei pherfformio hi heddiw yn reit ryw hwyliog a heb eironi o fath yn byd. Ond dwy genhedlaeth sydd eto na fydd hi ar ben, meddai cyfaill i mi o'r Berch. Daeth hwn un tro gerbron Pwyllgor Cymuned, â chadwyn wedi'i lapio am ei fraich fel Cunedda, i roi gwybod am ymgyrch fawr oedd ar y gweill yn y dirgel, un yr oeddwn i yn un yn ormod o gachwr i'w chefnogi. Cyngor Cunedda rŵan ydi inni wneud un ŵylmabsant fawr o'r amser sy'n weddill.

Byddai Ifan Waun Oer, y telynor o Wlad y Mwynder, yn mynd i ganu'r haf i westai yn y Bermo a Harlech ac yn dychwelyd bob hyn a hyn i'w nyth dros dro yn y Peniarth Arms (sef y Brigand's Inn heddiw) ym Mallwyd. Roedd hynny'n dipyn o bellter ond mi fyddai Ifan yn ei bwrw hi ar draws y caeau hyd ryw lwybrau tarw y gwyddai amdanyn nhw. Ac un tro, *mi ddaeth wyneb yng ngwyneb â tharw*, un mawr ffyrnig iawn yr olwg. Syllodd y ddau ar ei gilydd am sbel. Dechreuodd y tarw beuo a charnbriddo. A dyna wnaeth Ifan oedd estyn ei delyn i lawr oddi ar ei gefn a cherdded yn ara' deg yn wysg ei din, fel y cathreiwr, am y llidiart, dan ddal i ganu.

Rhywbeth felly sy gen i mewn golwg...

Atgofion drwy Ganeuon – *y gyfres sy'n gefndir i fiwsig ein dyddiau ni*

Linda
yn adrodd straeon
SEIDR DDOE
ÔL EI DROED
PENTRE
LLANFIHANGEL
TÂN YN LLŶN
a chaneuon eraill

Ems
yn adrodd straeon
YNYS LLANDDWYN
COFIO DY WYNEB
PAPPAGIOS
Y FFORDD AC YNYS
ENLLI
a chaneuon eraill

Doreen
yn adrodd straeon
RHOWCH I MI GANU
GWLAD
SGIDIAU GWAITH
FY NHAD
NANS O'R GLYN
TEIMLAD CYNNES
a chaneuon eraill

Richard Ail Symudiad
yn adrodd straeon
Y FFORDD I SENART
TRIP I LANDOCH
GRWFI GRWFI
CEREDIGION
MÔR A THIR
a chaneuon eraill

Y Cyrff
yn adrodd straeon
CYMRU LLOEGR
A LLANRWST
ANWYBYDDWCH NI
DEFNYDDIA FI
IFANC A FFÔL
a chaneuon eraill

Geraint Davies
yn adrodd straeon
DEWCH I'R
LLYSOEDD
HEI, MISTAR URDD
UGAIN MLYNEDD
YN ÔL
CYW MELYN OLA
a chaneuon eraill

Ryland Teifi
yn adrodd straeon
NÔL
YR ENETH GLAF
BRETHYN GWLÂN
LILI'R NOS
PAM FOD EIRA
YN WYN
MAN RHYDD
a chaneuon eraill

Neil Rosser
yn adrodd straeon
OCHR TREFORYS
O'R DRE
DYDDIAU ABER
MERCH Y FFATRI
DDILLAD
GITÂR NEWYDD
a chaneuon eraill

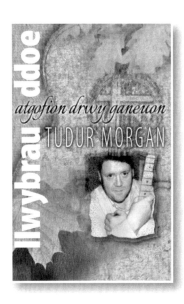

Tudur Morgan
yn adrodd straeon
LLWYBRAU DDOE
ENFYS YN ENNIS
STRYD AMERICA
GIATIA GRESLAND
PORTH MADRYN
a chaneuon eraill

Dafydd Iwan
yn adrodd straeon
YMA O HYD
PAM FOD EIRA
YN WYN
ESGAIR LLYN
OSCAR ROMERO
HAWL I FYW
a chaneuon eraill

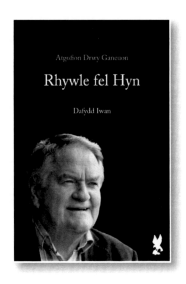

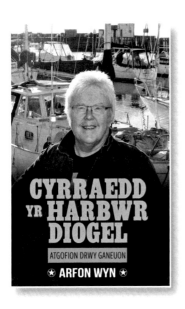

Arfon Wyn
yn adrodd straeon
CREDAF FE
GODWN ETO
PAID A CHAU
Y DRWS
CYN I'R HAUL FYND
LAWR
HAUL AR FRYN
a chaneuon eraill

Hywel Gwynfryn
yn adrodd straeon
Y DYN 'NATH
DDWYN Y DOLIG
PENRHYN LLŶN
DAGRAU'R GLAW
ANFONAF ANGEL
a chaneuon eraill

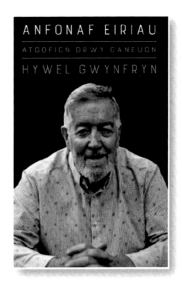

Siân James
yn adrodd straeon
AR FORE DYDD
NADOLIG
Y LLYN
HEN GLOC FY
NHAID
GWELD SÊR
ERYR ERYRI
a chaneuon eraill

Hamb

CW01024390

Felix & Theo

Hamburg –
hin und zurück

Langenscheidt

Berlin·München·Wien·Zürich·New York

Leichte Lektüren
Deutsch als Fremdsprache in drei Stufen
Hamburg – hin und zurück *Stufe 1*

Umschlaggestaltung unter Verwendung einer Zeichnung aus:
Der Große Polyglott – Deutschland

Dieses Werk folgt der reformierten Rechtschreibung
entsprechend den amtlichen Richtlinien.

© 1991 by Langenscheidt KG, Berlin und München
Druck: Mercedes-Druck, Berlin
Printed in Germany

ISBN-13: 978-3-468-49693-6
ISBN-10: 3-468-49693-1

8. 9. 10. 11. * 09 08 07 06

„In Hamburg sind die Nächte lang"
(deutscher Schlager)

Die Hauptpersonen dieser Geschichte sind:

Helmut Müller, Privatdetektiv. Lernt in Hamburg chinesisch kochen.
Bea Braun, Müllers Sekretärin. Ist fasziniert vom Hamburger Nachtleben.
Klaus Klinke, Chef der Firma Klinke-Immobilien, hat große Baupläne.
Sabine Groß, Geschäftsfrau. Muss viel reisen und isst gerne chinesisch.
Peter Feddersen, ein alter Hamburger Ehrenmann, bekommt Probleme als Hausbesitzer.
Uwe Seelig, Lehrer. Unterrichtet Deutsch als Fremdsprache und ist verheiratet mit
Mai Lin, die ein kleines China-Restaurant in Hamburg hat. Viele Gäste sind zufrieden mit dem Essen, aber ...

„Hallo, ich heiße Uwe Seelig und bin euer Deutschlehrer."
Uwe Seelig geht zur Tafel und schreibt:

UWE SEELIG

Er geht zu den Kursteilnehmern und gibt allen die Hand.
„Guten Tag, ich heiße Uwe Seelig." Er schüttelt einem
jungen Amerikaner die Hand.
„Hi, I'm Bob. Bob Jones, nice to meet you!"
„Nein, nein, Bob." Seelig deutet mit der linken Hand auf
sich, mit der rechten schüttelt er die Hand des Ameri-
kaners.
„Ich heiße Uwe Seelig, und du?"
Jetzt versteht Bob. „Oh, sorry, ich heiße Bob."
Seelig ist zufrieden und geht zu einer kleinen, schwarz-
haarigen Frau, die hinter Bob sitzt.
„Ich heiße Uwe Seelig, und du?"
Die Frau sagt kein Wort.
Seelig wiederholt geduldig seinen Namen.
Die Frau sagt kein Wort.
Seelig geht zur Tafel und schreibt:
ICH HEISSE UWE SEELIG. Er unterstreicht mit roter
Farbe das Wort ICH und mit blauer Farbe das Wort HEIS-
SE. Dann geht er wieder zu der schwarzhaarigen Frau.
„Ich heiße Anette Harband." Die Frau lächelt zufrieden.
Seelig auch.

Zur gleichen Zeit steht Mai Lin in der Küche ihres kleinen chinesischen Restaurants in der Friedrichstraße[1]. Sie hat heute früh schon auf dem Hamburger Fischmarkt eingekauft.

Im Restaurant arbeiten drei Personen:

Der Koch heißt Kuo Tse, er ist klein und dick und kommt aus Vietnam. Seit fünf Jahren wohnt er in Deutschland. Jens Schneider, ein Sinologiestudent, hilft in der Küche und will Chinesisch lernen. Mai Lin ist die Chefin. Sie bedient die Gäste, kauft ein und macht die Buchhaltung. Seit drei Jahren ist sie mit Uwe Seelig verheiratet. Vor einem Monat hat sie das Restaurant eröffnet. Zusammen mit ihrem Mann hat sie das Lokal renoviert. Zur Eröffnung kamen viele Schüler und Lehrer der Sprachenschule. Es war ein richtiges Fest. Das Restaurant ist fast jeden Tag voll. Viele Geschäftsleute, Verkäuferinnen und Verkäufer kommen regelmäßig zum Mittagessen.

Mai Lin nimmt zwei kleine Schalen mit Sauer-Scharf-Suppe und geht an einen runden Tisch. Dort sitzt ein junges Paar.

„So, bitte schön, hier ist die Suppe. Möchtet ihr noch ein bisschen Tee?"

„Nein, danke, wir haben noch genug."

Mai Lin geht an einen anderen Tisch und erklärt den Gästen, wie man die chinesischen Ess-Stäbchen in die Hand nehmen muss:

„Das ist ganz einfach. Sie legen das Ende von einem Stäbchen zwischen Daumen und Zeigefinger und den vorderen Teil zwischen Mittel- und Ringfinger. Das andere Stäbchen nehmen Sie mit den Fingerspitzen von Daumen und Zeigefinger. Die Daumenspitze ist dabei der Drehpunkt."

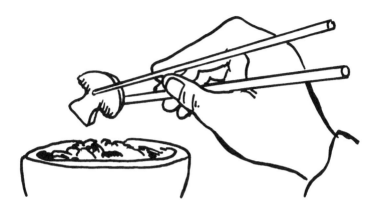

Die Gäste versuchen es, aber es klappt nicht.
„Üben, üben, üben!", sagt Mai Lin und geht lächelnd in die Küche.

3

Während Mai Lin ihre Gäste mit der Kunst chinesischer Esskultur vertraut macht und Uwe Seelig seinen Schülern die Konjugation des Verbs „heißen" erklärt, sitzt Privatdetektiv Helmut Müller im Restaurant „Bella Italia" in der Berliner Knesebeckstraße und dreht seine Gabel in „Spaghetti all'amatriciana". Bea Braun, seine Mitarbeiterin, sitzt neben ihm, isst Salat und liest die Stellenanzeigen in der Zeitung. Seit Wochen warten beide auf einen neuen Auftrag. Aber es passiert nichts. Kein Anruf.

Niemand klingelt an der Tür des Detektivbüros. Die einzigen Briefe, die der Briefträger bringt, sind Rechnungen und Kontoauszüge.

„Hier steht was Interessantes, Chef. Eine Firma sucht jungen, dynamischen Unternehmer mit eigenem Büro für den Vertrieb von einem ganz neuen Produkt, direkt aus den USA. Das ist doch was, oder?"

„Oh, bitte, Bea, ich bin nicht jung, nicht dynamisch und ein Unternehmer bin ich auch nicht. Und von Vertrieb verstehe ich auch nichts. Machen Sie sich keine Sorgen, ich habe das Gefühl, dass in den nächsten Tagen etwas passiert. Bestimmt bekommen wir bald einen neuen Auftrag. Als Privatdetektiv muss man geduldig sein. Vielleicht klingelt ja gerade jetzt, während wir hier sitzen, das Telefon. Haben Sie den Anrufbeantworter eingeschaltet?"

„Natürlich. Aber ..." Bea Braun sagt nichts mehr. Seit Tagen ist auch der Anrufbeantworter ohne Nachricht.

4

„Probieren Sie doch mal diese Jacke. Ich glaube, die ist genau das Richtige für Sie." Sabine Groß lächelt freundlich und zeigt der Kundin eine grüne Wolljacke mit goldenen Knöpfen. Seit einer halben Stunde probiert die Dame schon Jacken an. Aber keine gefällt ihr richtig. Sabine Groß schaut auf die Uhr. Schon Viertel nach eins., Warum kann sich diese Dame bloß nicht entscheiden? Ich habe Hunger und will das Geschäft jetzt zumachen', denkt sie. Sie sagt: „Sie sehen wirklich wunderbar in dieser Jacke aus. Nehmen Sie sie?"

„Ach wissen Sie", sagt die Dame, „ich glaube, ich überleg es mir noch einmal. Ich komme heute Nachmittag vielleicht noch mal vorbei. Vielen Dank. Auf Wiedersehen."

„Auf Wiedersehen!" Sabine Groß geht hinter der Dame aus dem Geschäft, schließt die Tür ab und überquert die Straße. Direkt gegenüber von ihrem Geschäft ist das neue chinesische Restaurant „Mai Lin". Seit ein paar Tagen geht sie regelmäßig dort zum Mittagessen. Sie mag chinesische Küche und dieses Restaurant ist besonders gut.

5

„Bitte eine Wan Tan[2] Suppe und Ente mit chinesischen Pilzen. Und ein Mineralwasser, bitte." Während Sabine Groß auf das Essen wartet, betrachtet sie die anderen Gäste. Fast alle Tische sind besetzt. Viele bekannte Gesichter. Die meisten Gäste arbeiten wie sie in der Friedrichstraße. Einige Studenten aus der Technischen Hochschule, die das Mittagsmenü zum Sonderpreis bestellt haben. Ein englisches Touristenpaar, das wahrscheinlich gerade den Hafen besichtigt hat. Sabine Groß beobachtet Mai Lin, die ruhig von Tisch zu Tisch geht und die Gäste nach ihren Wünschen fragt.

Plötzlich springt mit einem lauten Krachen die Tür des Restaurants auf. Drei Männer stürmen in das Lokal. Sie haben Kapuzen auf, die nur für die Augen einen kleinen Schlitz haben.

Ohne ein Wort zu sagen, werfen sie Tische um, zerschlagen Lampen und Bilder, einer nimmt einen Stuhl und schleudert ihn in das Regal mit den Getränken. Das Ganze dauert nur Sekunden. Blitzschnell laufen sie wieder zur Tür und verschwinden.

Kein Laut ist zu hören. Alle Gäste sitzen bewegungslos an ihren Tischen. Dann reden alle auf einmal.
„Um Gottes willen!"
„Hilfe, Polizei!"
„Was war das denn?"
„Ist jemand verletzt?"

Der Koch und Jens Schneider kommen aus der Küche.
„Mai Lin, was ist passiert? Ist alles in Ordnung? Ruhe, Ruhe!"
Doch die Gäste sind alle sehr aufgeregt. Erst nach einigen Minuten ist es wieder etwas ruhiger. Nach fünf Minuten kommt die Polizei. Die Gäste erzählen, was sie beobachtet haben.

„Das waren fünf Chinesen! Richtige Karatekämpfer."
„Nein, das waren vier! Und einer hatte ein Messer!"
„Ich glaube, das waren betrunkene Matrosen!"
„Das war eine Chinesenbande! Sechs Männer waren das!"

Mai Lin geht zu einem der Polizisten. Sie hat ein Blatt Papier in der Hand.
„Hier, das lag auf der Theke."

Der Polizist nimmt das Blatt und liest:

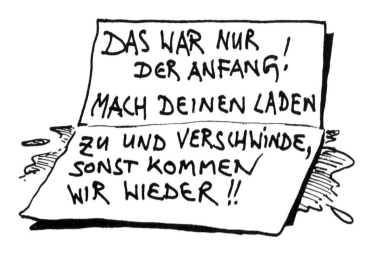

6

„Sehen Sie, Bea, auf dem Anrufbeantworter ist eine Nachricht. Man muss im Leben eben optimistisch bleiben. Bestimmt haben wir jetzt einen neuen Auftrag."
„Oder es ist ein Anruf vom Finanzamt oder von der Bank", bemerkt Bea Braun skeptisch.
Neugierig stellen sich beide vor den Apparat und drücken auf die Play-Taste.

„Hallo, Helmut. Hier ist der Uwe. Du weißt schon, Uwe Seelig aus Hamburg. Bitte ruf mich sofort an, wenn du wieder im Büro bist. Es ist dringend. Tschüs! Ach, halt, die Nummer ist 44 22 33 in Hamburg."

„Wer ist Uwe?", fragt Bea.
„Der Uwe? Ein Studienfreund von mir. Wir haben zusam-

men Germanistik studiert. Er wollte genauso wie ich ein berühmter Schriftsteller werden. Bei ihm hat es aber auch nicht geklappt.

Und da der Mensch ja von etwas leben muss, hat er dann angefangen, Deutsch für Ausländer zu unterrichten. Und das macht er heute noch."

„Das klingt aber nicht nach einem neuen Fall. Vielleicht schulden Sie ihm noch Geld?" Bea Braun bleibt skeptisch.

„Ich glaube nicht. Jetzt rufen wir ihn erst mal an."

Müller nimmt den Hörer von der Gabel und wählt. 040 für Hamburg, dann 44 22 33. Er drückt auf die Lautsprechertaste seines Telefons, damit Bea das Gespräch mithören kann.

„Chinarestaurant Mai Lin. Guten Tag!"

„Guten Tag, äh, ist da nicht Uwe Seelig?" Müller überlegt, ob er sich eventuell verwählt hat.

„Doch, doch, Helmut, bist du's?"

„Ja, was ist los? Was gibt es denn?"

„Also, hör zu: Vor einer Stunde hat eine Schlägerbande unser Restaurant überfallen und ..."

„Moment, Uwe, was für ein Restaurant? Wieso unser Restaurant?"

„Ach, das hab ich dir ja noch gar nicht erzählt. Mai Lin und ich haben ein chinesisches Spezialitäten-Restaurant aufgemacht und ..."

„Wieso, bist du nicht mehr Deutschlehrer?"

„Schon, aber das Restaurant macht Mai Lin, jedenfalls brauch ich deine Hilfe."

„In Ordnung, ich komme, mach dir keine Sorgen. Ich nehme den nächsten Zug und bin heute Abend bei euch."

„Mensch, Helmut, das ist super! Komm am besten direkt

ins Restaurant, Friedrichstraße 12, das ist in der Nähe vom Köllischplatz. Bis heute Abend! Tschüs."
„Tschüs, mein Lieber!"

Müller legt den Hörer auf und schaut Bea Braun an:
„Na, Bea, was sagen Sie jetzt? Ein neuer Fall!"
„Sie haben nicht nach dem Honorar gefragt, Chef!"
Beas Stimme klingt vorwurfsvoll.
„Aber ich bitte Sie! Uwe ist ein alter Freund von mir, da muss ich helfen! Kommen Sie mit nach Hamburg? Dann ist das Zugfahren nicht so langweilig. Und vier Augen sehen mehr als zwei."

7

„Intercity[3] Berlin – Hamburg Hauptbahnhof, Abfahrt 16 Uhr 10, Gleis 3, bitte einsteigen, der Zug fährt in Kürze ab." Helmut Müller und Bea Braun rennen die Treppe zu den Gleisen hoch und steigen gerade noch rechtzeitig ein.
„Uff, das war knapp!" Müller ist ganz außer Atem. Die beiden suchen ihre Plätze und setzen sich. Der Zug fährt ab und nach drei Stunden sind sie in Hamburg.
Am Hauptbahnhof nehmen sie ein Taxi. Sie fahren durch die Altstadt, an der St. Petrikirche vorbei, dann biegt das Taxi in die Ost-Weststraße ein und ist schließlich im Stadtteil St. Pauli. Dann stehen sie vor dem China-Restaurant „Mai Lin" in der Friedrichstraße.

„Ach, Helmut, super, dass du so schnell gekommen bist!"
Uwe Seelig umarmt seinen alten Freund.
„Schönen guten Abend, mein Lieber. Darf ich dir meine Mitarbeiterin Bea Braun vorstellen. Bea, das ist mein

Freund Uwe Seelig."

„Guten Abend, Herr Seelig, freut mich, Sie kennen zu lernen."

„Ganz meinerseits. Kommt, wir gehen in die Küche, ich möchte euch meine Frau vorstellen. Außerdem habt ihr sicher Hunger. Da könnt ihr gleich mal schauen, was wir so in den Töpfen haben."

Nachdem Mai Lin die beiden begrüßt hat, setzen sich alle an einen runden Tisch im Restaurant. Beim Essen erzählen Mai Lin und Uwe, was ihnen passiert ist.

„Komisch, das mit dem Zettel. Wenn das chinesische Erpresser waren, dann wollen die doch nicht, dass ihr verschwindet. Die wollen doch normalerweise Geld. Das verstehe ich nicht." Müller versucht, mit den Stäbchen ein Stück Ente zum Mund zu balancieren.

„Richtig, das glauben wir auch", sagt Uwe Seelig. „Deswegen kann ich mir nicht vorstellen, dass das Leute von einer chinesischen Erpresserorganisation waren. Aber wer sonst?"

„Tja, das weiß ich auch nicht. Ich schlage euch Folgendes vor:
Bea und ich machen morgen Vormittag einen Spaziergang hier im Viertel und fragen mal ein paar Leute. Zum Mittagessen sind wir dann wieder da. Vielleicht kommen morgen ja ein paar Gäste, die auch heute schon hier waren." Alle sind mit den Vorschlägen des Detektivs einverstanden.

Nach dem Essen bringt Uwe seinen Freund und Bea Braun zu einer Pension in der Nähe.

„Entschuldige, dass ich dich nicht zu uns nach Hause einlade, aber unsere Wohnung ist winzig. Wenn unser Restaurant gut funktioniert, wollen wir eine größere Wohnung suchen, aber im Moment ...“

„Schon gut, mein Freund, das macht doch nichts. Wir sehen uns dann morgen.“ Müller und Bea Braun verabschieden sich von Seelig und gehen in die Pension.

„Ach, Bea, wollen wir nicht noch ein bisschen spazieren gehen? Mich interessiert schon, wie dieser Stadtteil nachts ist. Vielleicht finden wir ja etwas Interessantes.“
Müller blickt Bea fragend an.

„Prima, Chef, das ist eine gute Idee. Wie heißt es doch in dem alten Schlager: ‚In Hamburg sind die Nächte lang, so viele schöne Stunden lang‘ ...“
„Und kennen Sie dieses Lied, Bea?“ Müller fängt zu singen an:
„Auf der Reeperbahn nachts um halb eins...“ [4]
Bea blickt ihn erstaunt an. „Ich habe Sie noch nie singen hören, Chef. Gut klingt das.“
Zusammen gehen sie Richtung Reeperbahn[5]. Auf dem Weg dorthin fällt ihnen die Mischung aus Wohnhäusern, Geschäften und Nachtlokalen auf. Bunte Lampen und grelle Neonlichter locken die Besucher der Reeperbahn in die Lokale. Auf der Straße gehen Menschen aller Hautfarben und Rassen. Matrosen von den vielen großen Schiffen, die im Hamburger Hafen liegen, Studenten der verschiedenen Universitäten und Hochschulen, aber auch Geschäftsleute in dunkelblauen Anzügen, die mit ihren Kollegen und Freunden einen Bummel durch St. Pauli machen.

Müller und Bea gehen in eine Bar, in der es Karaoke gibt. Sie schauen zu, wie ein amerikanischer Tourist zu der Musik von ‚Love me tender' Elvis imitiert.

„Armer Elvis. Er kann froh sein, dass er das nicht mehr hören muss!", sagt Müller.

„Na, Chef, wollen Sie nicht auch mal singen?", fragt Bea.

„Um Himmels willen, nein! Wir wollen lieber friedlich ein Bier trinken."

Nachdem sie noch einigen anderen Leuten zugeschaut haben und sich dabei prima amüsiert haben, beschließen sie, zurück in die Pension zu fahren.

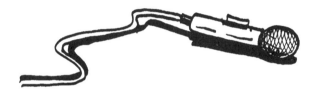

8

Am nächsten Morgen machen sich die beiden auf den Weg in die Friedrichstraße. Müller besucht einige Geschäfte auf der rechten Straßenseite, Bea Braun geht in die Boutiquen auf der linken Straßenseite.

„Guten Morgen, kann ich Ihnen behilflich sein?" Eine junge Dame geht zu Bea Braun, die gerade einige Jacken anschaut.

„Nein danke, oder doch, vielleicht schon. Entschuldigen Sie, darf ich mich vorstellen? Mein Name ist Bea Braun. Ich bin Privatdetektivin ..."

„Oh!"

„Ja, aber keine Angst, ich arbeite im Auftrag des China-restaurants Mai Lin. Kennen Sie vielleicht das Restaurant?"

„Natürlich, ich gehe fast jeden Tag dort zum Mittagessen."

„Waren Sie gestern auch dort?"

„Ja."

„Und haben Sie auch diesen ... merkwürdigen Besuch erlebt, Frau äh, Frau ...?"

„Groß. Sabine Groß. Ja, ja. Schrecklich war das. Aber ich habe der Polizei schon ..."

„Ach, Frau Groß, ich bin ja nicht von der Polizei. Vielleicht können Sie mir noch einmal erzählen, wie das war."

„Tja, also, ich sitze ganz normal an meinem Tisch, als plötzlich die Tür aufgeht und diese Männer da reinkommen ..."

„Wie viele waren es denn?", unterbricht Bea.

„Ich glaube drei, aber so genau weiß ich das auch nicht mehr. Es ging ja alles so schnell."

„Konnten Sie die Männer erkennen?"

„Nein, die hatten ja alle Kapuzen auf."

„Waren die Männer groß oder klein, alt oder jung, gibt es irgendetwas, an das Sie sich erinnern können?"

„Tja ..." Sabine Groß zögert einen Moment. „Hm, also, ich glaube nicht, dass das Leute aus der chinesischen Mafia

20

waren, das waren eher so Reeperbahn-Schläger. Schauen Sie, ich fahre oft nach Asien, kaufe dort auch Stoffe und Kleidung. So, wie diese Männer reinkamen und sich bewegten, die Körperhaltung, tja, ich kann das schlecht beschreiben. Es ist eher so ein Gefühl ..., also ich glaube nicht, dass das Chinesen waren."

„Vielen Dank, Frau Groß, Sie haben uns sehr geholfen. Vielleicht haben wir jetzt eine Spur." Bea Braun verabschiedet sich und geht Richtung Chinarestaurant.

9

Als sie die Straße überquert, kommt Helmut Müller gerade aus einem Buchladen, der direkt neben dem Restaurant liegt.

BUCHHANDLUNG BREHME steht über dem Eingang. Das Schaufenster des Ladens ist bemalt mit großer Schrift:

SUPERPREISE WEGEN RÄUMUNG
DES GESCHÄFTS. NUR NOCH 5 TAGE.

„Na, Chef, statt zu arbeiten gehen Sie billig einkaufen, was?"

„Von wegen". Müller ist entrüstet. „Das war sehr interessant bei dem Buchhändler. Ich habe möglicherweise eine Spur. Allerdings passt das nicht mit der chinesischen Bande zusammen."

„Ich habe auch eine Spur, aber die passt auch nicht mit der chinesischen Bande zusammen. Vielleicht gibt's die gar nicht", meint Bea.

„Interessant, wir sollten zu Mai Lin gehen und uns beim Essen darüber unterhalten."

„Heute habe ich für unsere Detektive eine Spezialität aus meiner Heimat: Ente nach Szetchuan Art. Ich hoffe, das schmeckt euch." Mai Lin stellt eine große Platte auf den Tisch. Gerade, als sie mit dem Essen anfangen wollen, kommt Uwe Seelig ins Restaurant.

„Tut mir Leid, aber der Unterricht hat heute etwas länger gedauert. Ich musste meinen Anfängern den Akkusativ erklären, und das dauerte halt etwas länger."

„Sag mal, Uwe", fragt Müller, „war es eigentlich schwierig, dieses Restaurant zu mieten? Ich meine, gab es da Probleme beim Mietvertrag oder so? Gab es vielleicht auch andere Bewerber?"

„Warum fragst du das? Es gab schon einige unangenehme Situationen. Aber das ist doch schon drei Monate her ..."

„Was meinst du mit ‚unangenehme Situationen'?"

„Na ja, schau mal, dieser Laden hatte schon vorher eine Lizenz als Restaurant mit Barbetrieb. Da in dieser Straße keine zusätzlichen Bars mehr aufmachen dürfen, gab es schon Bewerber, die unbedingt dieses Lokal mieten wollten. Der Besitzer wollte aber lieber etwas Ruhigeres und kein Nachtlokal. Und so bekamen wir den Mietvertrag."

„Hm, hm. Und wie heißt der Besitzer? Ich glaube, ich möchte mal mit ihm sprechen", meint Müller.

Uwe Seelig gibt ihm einen Zettel mit Namen und Telefon. „Hier, der Besitzer heißt Peter Feddersen."

Mai Lin kommt an den Tisch. „Jetzt habt ihr so viel geredet und keiner sagt was zu meiner Ente. Hat es geschmeckt?"

„Ausgezeichnet, ausgezeichnet, wirklich wunderbar."

Müller ist begeistert.

„Vielleicht ein wenig scharf, oder?", meint Bea.

„Ja, die Küche aus der Provinz Szetchuan ist immer etwas schärfer als die kantonesische Küche. Das liegt an der Nähe zu Indien. Es gibt viele Gerichte, die in Indien ähnlich schmecken wie in Szetchuan. Wir mögen es gern etwas scharf", erklärt Mai Lin.

11

Das Büro von Peter Feddersen ist nur ein paar Minuten zu Fuß von Mai Lins Restaurant entfernt. Auf dem Weg dorthin erzählt Bea ihrem Chef von dem Gespräch mit Sabine Groß.

„Dann macht auch das Sinn, was mir der Buchhändler erzählt hat", sagt Müller.

„Und? Was meint der Buchhändler?", fragt Bea neugierig.

„Haben Sie das Schaufenster gesehen? Sonderangebote wegen Geschäftsaufgabe! Der Mann macht seinen Laden zu! Und wissen Sie, warum? Er bekam vor einem Monat Besuch von einigen Herren, die ihm klarmachten, dass es besser ist, wenn er hier verschwindet. Sie möchten den Mietvertrag übernehmen und haben ihm dafür einen Haufen Geld angeboten. Da der Buchhändler schon etwas alt ist und keine Probleme wollte, hat er akzeptiert. Ich habe auch den Namen und die Adresse von den Herren.

Hier, sehen Sie:

Klaus Klinke Immobilien.
Siemon von Utrecht Str. 33
HAMBURG

Erst wollen wir mal hören, was uns der Herr Feddersen erzählt, und dann besuchen wir diese Firma. Ich glaube, langsam wird es spannend, Bea!"

12

Peter Feddersen sitzt in einem großen, breiten Ledersessel. Müller schätzt ihn auf etwa 65 – 70 Jahre. Mit ruhigen, freundlichen Augen schaut er die beiden Besucher an.
„Nun, was kann ich für Sie tun?"
„Tja, Herr Feddersen, wir arbeiten im Auftrag des China-restaurants Mai Lin. Das Restaurant hatte kürzlich unangenehmen Besuch von einigen Herren, die das ganze Mobiliar zerschlagen haben. Da Sie der Hausbesitzer sind, wollten wir mal fragen, ob ..."
„Entschuldigen Sie", unterbricht Feddersen, „ich bin zwar noch der Hausbesitzer. Aber in einer Woche bin ich es nicht mehr."
„Wie bitte?", fragen Müller und Bea Braun gleichzeitig und sehen sich dabei an.„Aber der Mietvertrag wurde doch zwischen Ihnen und Mai Lin geschlossen!", sagt Müller.

„Richtig. Aber ich werde das Gebäude nächste Woche an die Firma Klinke Immobilien verkaufen. Ich habe also mit Ihrer Angelegenheit nichts mehr zu tun."

„Klinke Immobilien! Den Namen habe ich heute schon einmal gehört", bemerkt Müller.

Feddersen wirkt plötzlich müde, seine freundlichen Augen blicken jetzt traurig und ängstlich auf die beiden Detektive.

„Entschuldigen Sie, Herr Feddersen", wirft Bea ein, „sicherlich haben Sie nach dem Verkauf nichts mehr mit der Angelegenheit zu tun, aber vielleicht können Sie uns doch helfen. Man merkt doch, dass Sie ein alter hanseatischer[6] Geschäftsmann sind mit Sinn für Tradition und Ehre. Irgendetwas stimmt doch hier nicht. Helfen Sie uns, bitte!"

Bei den Worten ‚Hanseatischer Geschäftsmann – Tradition – Ehre' nickt Feddersen heftig mit dem Kopf. Bewundernd sieht Müller zu Bea Braun, die offenbar mal wieder den richtigen Ton getroffen hat.

„Jawohl, das bin ich auch. Deshalb habe ich auch in den Kaufvertrag einen Paragraphen eingebaut, der die jetzigen Mieter schützt. Die Firma Klinke hat kein Recht, die jetzigen Mieter rauszuschmeißen. Das Restaurant Mai Lin hat einen Mietvertrag über fünf Jahre, und dabei bleibt es auch!" Jetzt klingt die Stimme Feddersens zornig.

„Und die Buchhandlung?", wirft Bea ein.

„Der Mietvertrag gilt, solange mein Freund Brehme den Laden führen möchte. Das bin ich den Leuten doch schuldig!"

„Aber warum wollen Sie das Haus verkaufen? Haben Sie auch Besuch von einigen Herren bekommen?"

„Darüber möchte ich nicht sprechen. Ich bin jetzt 70 Jahre

alt und kann nicht mehr so arbeiten wie früher. Ich fühle mich müde. Vieles ist heute anders als früher. Genügt Ihnen das als Erklärung?"

„Selbstverständlich, Herr Feddersen. Ich verstehe Sie vollkommen. Vielen Dank, dass Sie uns geholfen haben. Auf Wiedersehen."

Als die beiden Detektive wieder auf der Straße sind, sagt Müller:
„Bea, Sie sind wunderbar. Ohne Sie hätte ich nichts erfahren. Das mit dem Hanseaten und der Tradition und der Ehre, das war fabelhaft."
„Tja, Chef, das ist eben weibliches Feingefühl!"

13

Mit dem Taxi fahren sie in die Siemon von Utrecht Straße. Bea Braun hat eine Idee:
„Schauen Sie, Chef, wir müssen jetzt vorsichtig sein. Was halten Sie davon, wenn ich allein die Firma Klinke besuche und mich als Berliner Geschäftsfrau vorstelle, die

26

Möglichkeiten zur Geldanlage in Hamburg sucht? So könnte ich erst mal ein bisschen spionieren. Was meinen Sie?"

Müller ist einverstanden: „O.k. Wir treffen uns im Café an der Ecke Talstraße. Ich kann ja jetzt nichts tun. Also trinke ich dort einen Tee und bestelle mir ein Stück Erdbeertorte."

Nach einer halben Stunde kommt Bea wieder. Sie setzt sich zu Müller und bestellt ein Kännchen Kaffee.

„Also, das sind ja richtige Gangster, Chef! Stellen Sie sich vor, die haben schon fertige Baupläne für das Haus Friedrichstraße 12! Die wollen das Haus abreißen und Luxusappartements bauen. Sie erzählten mir, dass die Baugenehmigung[7] praktisch schon vorliegt. Es seien noch einige Kleinigkeiten mit einigen Mietern zu regeln, aber es gäbe da keine Probleme. Im nächsten Monat sollen die Bauarbeiten beginnen!"

„Mit den Kleinigkeiten meinen die wohl das Chinarestaurant, wie? Na, die werden sich wundern!" Müller lächelt fröhlich vor sich hin.

„Was freut Sie denn so, Chef? Das ist doch alles gar nicht lustig!"

„Geduld, Bea! Wir gehen jetzt zu Mai Lin und Uwe und beraten, was wir tun können."

14

Mit traurigen Gesichtern sitzen Uwe und Mai Lin an einem Tisch im Restaurant.

„Warum schaut ihr denn so traurig?", fragt Bea.

„Seit dem Überfall gestern sind kaum noch Gäste gekommen. Die Leute haben wohl Angst. Aber ohne Gäste kein Umsatz. Und wovon sollen wir dann die Miete zahlen?" Mai Lin ist traurig und zornig zugleich.

„Langsam, langsam, meine Lieben. Ich habe da eine Idee. Hört zu!"

Müller erzählt zunächst, was Bea Braun und er bei Feddersen und Klinke Immobilien erfahren haben.

Dann sagt er:

„Also, ihr habt einen Mietvertrag für fünf Jahre, richtig?"

„Stimmt!", antwortet Uwe.

„Dieser Mietvertrag ist gültig, auch wenn das Haus verkauft ist. Das hat uns Feddersen gesagt. Das heißt, die Firma Klinke kann und darf in den nächsten Jahren hier nicht bauen, richtig?"

„Richtig, aber ..." Uwe will Müller unterbrechen.

„Moment, Moment. Ich weiß, was du sagen willst, mein Lieber. Wir haben zwei Möglichkeiten:

Entweder wir kämpfen weiter gegen die Firma Klinke. Das kann sehr riskant sein. Oder ihr kündigt euren Mietvertrag gegen ein gewisses Honorar."

„Was heißt hier ‚gewisses Honorar'? Was meinst du damit? Das klingt aber unmoralisch!", sagt Mai Lin besorgt.

„Das ist überhaupt nicht unmoralisch. Solange ihr Mieter seid, kann die Firma nicht bauen. Auch wenn ihr das Restaurant aufgebt und nur weiter Miete zahlt, kann die Firma nicht bauen. Ihr verkauft einfach euren Mietvertrag! Schau mal, Uwe, ihr wollt doch auch eine größere Wohnung, oder? Und wo ihr das Restaurant habt, ist doch egal, nicht wahr?"

„Ja, im Prinzip schon, aber ... also ich weiß nicht, ... was meinst du, Mai Lin?"

„Also, ich habe Angst vor diesen Leuten. Wir können das doch alles der Polizei erzählen, oder?"

„Schon", entgegnet Müller, „aber beweisen können wir gar nichts. Ich schlage euch vor, ich rede mal mit diesem Herrn Klinke. Vielleicht finden wir ja einen Kompromiss."

„Kompromiss? Also jetzt reichts mir aber!" Bea ist richtig sauer. Ihre Stimme klingt wütend. „Was soll das denn? Wir müssen diesen Klinke ins Gefängnis bringen!"

„Aber wir haben keine Beweise", antwortet Müller. „Der Buchhändler hat aufgegeben, Feddersen hat aufgegeben, was sollen wir denn da machen?"

„Noch ist der Kaufvertrag nicht unterschrieben. Vielleicht können wir ja mit Feddersen noch einmal reden. Und mit dem Buchhändler auch! Was meint ihr denn dazu?" Bea wendet sich an Uwe und Mai Lin.

Die beiden sehen sich an und sagen erst mal nichts. Als erster spricht Uwe:

„Also, Helmut, ehrlich gesagt habe auch ich Angst vor diesen Gangstern. Aber aufgeben möchte ich auch nicht. Erinnerst du dich an unsere Studentenzeit in Berlin? Da haben wir gegen die Spekulanten und Immobiliengangster gekämpft. Und heute? Ich möchte keinen Kompromiss mit diesen Leuten, Helmut. Was sagst du dazu, Mai Lin?"

„Ich finde Helmuts Vorschlag wirklich unmoralisch. Wir sollten noch einmal mit Herrn Feddersen reden. Bea hat Recht, finde ich."

15

Gerade als Müller antworten will, geht die Tür des Restaurants auf und drei Männer treten ein. Sie tragen lange, schwarze Mäntel und haben Pistolen in ihren Händen. Zwei Männer bleiben an der Tür stehen, der dritte stellt sich in die Mitte des Raumes und sagt:

„Das ist die letzte Warnung. Das Lokal ist ab sofort geschlossen." Langsam geht er zur Tür. Dann schießen alle drei wie wild auf das Flaschenregal hinter dem Tresen, drehen sich um und gehen aus dem Restaurant.

Blitzschnell springt Müller auf und rennt zur Tür. Er sieht, wie die drei Männer in ein Auto steigen und wegfahren. „Bea, ich habe die Autonummer. Schreiben Sie auf: HH - L 2344. Jetzt haben wir die Bande!"

„O.k., Chef! Und ich habe den Mann erkannt. Er war im Büro der Firma Klinke Immobilien. Ich habe auch seine Stimme erkannt. Ich bin hundertprozentig sicher."

„Uwe, ruf die Polizei an, bitte. Und auch Herrn Feddersen und den Buchhändler. So, meine Lieben, entschuldigt bitte, dass ich einen so dummen Vorschlag gemacht habe. Jetzt gibt es keine Kompromisse mehr!"

Nach einigen Minuten kommt die Polizei. Per Funk geben die Beamten die Autonummer an die Zentrale und machen ein Protokoll von den Aussagen der beiden Detektive.

Anschließend helfen Müller und Bea Braun beim Aufräumen des Lokals.
Kurze Zeit später betreten Herr Feddersen und Herr Brehme das Restaurant.

„Also", beginnt Feddersen, „ich habe mit meinem alten Freund Brehme gesprochen und wir haben beschlossen, dass wir noch zu jung sind, um uns erpressen zu lassen. Unrecht bleibt Unrecht. Ich habe schon mit meinem Anwalt telefoniert und ihm gesagt, dass ich den Kaufvertrag nicht unterschreibe. Und für die Polizei haben wir auch einige Informationen, die die Firma Klinke Immobilien betreffen!"

„Bravo, Herr Feddersen! Ich wusste, dass Sie ein alter hanseatischer Ehrenmann sind!" Bea Braun geht zu ihm und Brehme und schüttelt beiden die Hand.

„Darf ich einen Vorschlag machen?" Alle schauen zu Mai Lin, die mit Uwe, dem Koch Kuo Tse und dem Studenten Jens Schneider am Tresen steht. „Wir möchten Sie alle heute Abend zum Essen einladen. Einverstanden?"

„Einverstanden!", sagen alle wie aus einem Munde.

EPILOG

Noch am gleichen Nachmittag verhaftete die Polizei Klaus Klinke und seine Mitarbeiter.

Zum Abendessen hatte Mai Lin auch noch Sabine Groß eingeladen, die ja mitgeholfen hatte, die Gangster zu entdecken. So saßen sie alle an einem großen runden Tisch in Mai Lins Restaurant.

Herr Feddersen und Herr Brehme erzählten von den alten Zeiten, als Hamburg noch ganz anders war, Jens Schneider saß neben Bea Braun und erzählte ihr von seinem Sinologiestudium, und Helmut Müller erzählte Sabine Groß Geschichten aus dem Leben eines Privatdetektivs. Mai Lin erzählte ihren Gästen von den Geheimnissen der chinesischen Küche, und Uwe Seelig klärte den Koch Kuo Tse über den Gebrauch des Akkusativs auf.

Helmut Müller und Bea Braun blieben noch ein paar Tage in Hamburg, weil beide lernen wollten, wie man Ente à la Szetchuan kocht. Hier das Geheimrezept von Mai Lin:

Man nehme:

1 große Ente (ca. 3 kg)
3 Teelöffel Salz
2 Teelöffel schwarze Pfefferkörner
Koriander
Ingwer
4 Frühlingszwiebeln, fein gehackt
1 Teelöffel Fünf-Gewürze-Pulver
1 Esslöffel Honig
1 Esslöffel Sherry oder chinesischen Wein
2 Teelöffel Sesamöl
1 Esslöffel Sojasoße
1/2 Teelöffel rote Lebensmittelfarbe

Pfefferkörner in einer Pfanne ohne Öl 3 – 4 Minuten rösten, dann grob zermahlen und mit allen Gewürzen, Kräutern, Honig, Wein und Farbe mischen.
Ente innen und außen damit einreiben und mindestens sechs Stunden stehen lassen.

Backofen auf 180 Grad heizen. Bratblech halb mit Wasser füllen, Grillrost darüberlegen und darauf die Ente (Brust nach oben).

Nach ca. 30 Min. Ente mit Alu-Folie abdecken und weitere 30 Min. grillen.

Dann Ente umdrehen, mit Alu-Folie abdecken und nochmals 30 Min. braten.

Alu-Folie entfernen und bei ca 150 Grad 20 Min. braun werden lassen.

Guten Appetit!

E N D E

Landeskundliche Anmerkungen

1 Die Geschichte spielt in dem Hamburger Stadtteil St. Pauli, ein altes Viertel in der Nähe der Norderelbe.

2 Wan Tan sind mit Fleisch oder Gemüse gefüllte chinesische Teigtaschen, den italienischen Ravioli ähnlich.

3 Intercity-Züge sind Schnellverbindungen zwischen allen deutschen Großstädten.

4 Berühmter Hamburger Schlager der dreißiger Jahre; die bekannteste Version wird von Hans Albers gesungen in dem UFA- Film „Große Freiheit Nr. 7".

5 Die Reeperbahn ist Hamburgs ältestes Vergnügungsviertel. Dort trifft man auch viele Seeleute aus aller Welt.

6 Hamburg heißt offiziell „Freie Hansestadt Hamburg". Die Bewohner nennen sich gern selbst Hanseaten. Die Hanse war früher die Handelsflotte der Stadt. Auch heute noch hat Hamburg einen Sonderstatus, ist ein Stadtstaat.

7 Eine Baugenehmigung braucht jeder, der ein Haus bauen möchte oder umbauen will. Man muss die Baupläne bei der Baubehörde einreichen, die dann prüft, ob alle Baurichtlinien eingehalten werden.

Übungen und Tests

1. - 3. In den ersten drei Kapiteln lernen wir einige Personen kennen. Können Sie etwas zu diesen Personen sagen, z.B. Beruf, Nationalität, wohnt in ..., Hobbys?

Uwe Seelig	
Mai Lin	
Kuo Tse	
Jens Schneider	
Helmut Müller	
Bea Braun	

Wann spielen die ersten drei Kapitel:

ⓐ alle zur gleichen Zeit

ⓑ 1 und 2 vor 3

ⓒ 2 und 3 vor 1

ⓓ 1 und 3 vor 2

Die Antwort erfahren wir durch einen komplizierten Satz am Anfang des 3. Kapitels ...

Welche Zeichnung zeigt, wie man chinesische Essstäbchen richtig hält?

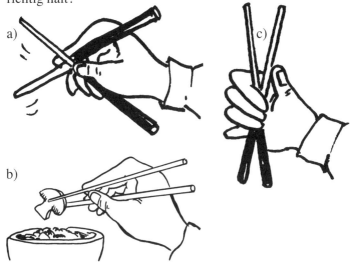

a)

b)

c)

4. und 5.
Was wissen Sie schon über Sabine Groß?

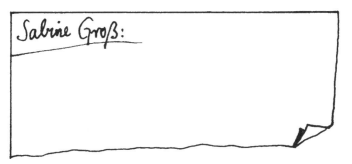

Sabine Groß:

Stellen Sie sich vor, Sie waren während des Überfalls auch im Restaurant Mai Lin. Was haben Sie beobachtet?

- Wie viele Männer waren es?
- Wie waren sie gekleidet?

6. In diesem Kapitel erfahren wir mehr über Uwe Seelig. Studium? Traumberuf? Kennt Müller schon seit ...

Studium	Traumberuf	kennt Müller seit ...

„Vier Augen sehen mehr als zwei!" Das ist ein deutsches Sprichwort. Gibt es das auch in Ihrer Sprache? Oder ein ähnliches?

_____

_____

7. In diesem Kapitel gibt es viele Sätze (oder Satzteile), die zu unterschiedlichen Zeiten spielen oder sich auf unterschiedliche Zeiten beziehen. Versuchen Sie, einige dieser Sätze zu suchen und einzuordnen.

Vergangenheit:

_____

_____

Gegenwart:

_____

_____

Zukunft:

_____

_____

8. Sabine Groß weiß nicht genau, ob die Männer Chinesen waren oder nicht. Welche Verben und Ausdrücke benutzt sie dabei?

9. – 11. Gibt es schon eine Spur? Können Sie folgende Fragen beantworten?

- Welche unangenehmen Situationen haben Uwe und Mai Lin erlebt?
- Chinesenbande oder Reeperbahn-Gangster?
- Warum will der Buchhändler sein Geschäft schließen?

12. und 13. Jetzt wissen wir schon mehr über die Firma Klinke Immobilien. Können Sie die Pläne dieser Firma kurz zusammenfassen?

14. In diesem Kapitel macht Müller einen „unmoralischen" Vorschlag. Was meinen Sie? Ist der Vorschlag wirklich unmoralisch oder ist er realistisch?

Unmoralisch, weil ...
Realistisch, weil ...

15. und Epilog.
Wie finden Sie das Ende der Geschichte?
Und die ganze Story?
Und das Kochrezept?

Sämtliche bisher in dieser Reihe erschienenen Bände:

Stufe 1

Oh, Maria...	32 Seiten	Bestell-Nr.	**49681**
– mit Mini-CD	32 Seiten	Bestell-Nr.	**49714**
Ein Mann zu viel	32 Seiten	Bestell-Nr.	**49682**
– mit Mini-CD	32 Seiten	Bestell-Nr.	**49716**
Adel und edle Steine	32 Seiten	Bestell-Nr.	**49685**
Oktoberfest	32 Seiten	Bestell-Nr.	**49691**
– mit Mini-CD	32 Seiten	Bestell-Nr.	**49713**
Hamburg – hin und zurück	40 Seiten	Bestell-Nr.	**49693**
Elvis in Köln	40 Seiten	Bestell-Nr.	**49699**
– mit Mini-CD	40 Seiten	Bestell-Nr.	**49717**
Donauwalzer	48 Seiten	Bestell-Nr.	**49700**
Berliner Pokalfieber	40 Seiten	Bestell-Nr.	**49705**
– mit Mini-CD	40 Seiten	Bestell-Nr.	**49715**
Der Märchenkönig	40 Seiten	Bestell-Nr.	**49706**
– mit Mini-CD	40 Seiten	Bestell-Nr.	**49710**

Stufe 2

Tödlicher Schnee	48 Seiten	Bestell-Nr.	**49680**
Das Gold der alten Dame	40 Seiten	Bestell-Nr.	**49683**
– mit Mini-CD	40 Seiten	Bestell-Nr.	**49718**
Ferien bei Freunden	48 Seiten	Bestell-Nr.	**49686**
Einer singt falsch	48 Seiten	Bestell-Nr.	**49687**
Bild ohne Rahmen	40 Seiten	Bestell-Nr.	**49688**
Mord auf dem Golfplatz	40 Seiten	Bestell-Nr.	**49690**
Barbara	40 Seiten	Bestell-Nr.	**49694**
Ebbe und Flut	40 Seiten	Bestell-Nr.	**49702**
– mit Mini-CD	40 Seiten	Bestell-Nr.	**49719**
Grenzverkehr am Bodensee	56 Seiten	Bestell-Nr.	**49703**
Tatort Frankfurt	48 Seiten	Bestell-Nr.	**49707**
Heidelberger Herbst	48 Seiten	Bestell-Nr.	**49708**
– mit Mini-CD	48 Seiten	Bestell-Nr.	**49712**

Stufe 3

Der Fall Schlachter	56 Seiten	Bestell-Nr.	**49684**
Haus ohne Hoffnung	40 Seiten	Bestell-Nr.	**49689**
Müller in New York	48 Seiten	Bestell-Nr.	**49692**
Leipziger Allerlei	48 Seiten	Bestell-Nr.	**49704**
Ein Fall auf Rügen	48 Seiten	Bestell-Nr.	**49709**
– mit Mini-CD	48 Seiten	Bestell-Nr.	**49726**